Против Таквите Нешта
Не Постои Закон

Плодот На Духот

Против Таквите Нешта Не Постои Закон

Др. Церок Ли

Против Таквите Нешта Не Постои Закон од Др. Церок Ли
Објавена од страна на Урим Книги (Претставник: Sungnam Vin)
73, Шиндаебанг Донг 22, Донгјак Гу, Сеул, Кореа
www.urimbooks.com

Сите права се задржани. Оваа книга или некои нејзини делови, не смеат да бидат репродуцирани во било која форма, да се чуваат во обновувачки систем, или да бидат пренесувани во било каква форма или преку било какви средства, електронски, механички, преку фотокопирање, снимање или на некој друг начин, без претходна писмена дозвола од страна на издавачот.

Авторско право © 2020 од д-р Церок Ли.
ISBN: 979-11-263-0541-4 03230
Преведувачко Авторско Право © 2015 од страна на Др. Естер К. Чанг. Употребено со дозвола.

Претходно објавено на Кореански од страна на Урим Книги во 2009

Првпат објавено во Февруари 2020

Уредено од страна на Др. Геумсун Вин
Дизајнирано од страна на Уредувачкото Биро на Урим Книги
Отпечатено од страна на Јевон Компанија за Печатење
За повеќе информации ве молиме контактриајте ги: urimbook@hotmail.com

*„А плодот на Духот е љубовта,
радоста, мирот, трпеливоста, добрината,
љубезноста, верата, кроткоста, самоконтролата;
против таквите нешта не постои закон."*

Галатјаните 5:22-23

Предговор

Христијаните се здобиваат со вистинската слобода носејќи ги плодовите на Светиот Дух, против кои не постои закон.

Секоја личност мора да ги почитува и следи правилата и одредбите во некои одредени ситуации. Ако луѓето ги чувствуваат овие закони како еден вид на окови и врзување, тогаш тие ќе се чувствуваат оптоварени и во болка поради нив. А самиот факт што тие се чувствуваат оптоварени настојувајќи да достигнат расипништво и неред, ни кажува дека тие не се слободни. По нивното препуштање на таквите нешта, тие остануваат само со чувството на суетност и празнина, за на крајот да увидат дека ги очекува вечната смрт.

Вистинската слобода значи да се ослободиме од вечната смрт и од сите солзи, тага и болки. Тоа исто така значи и можност да се контролира првобитната природа којашто ни ги дава таквите нешта и здобивањето со сила за да можеме да ги потчиниме. Богот на љубовта не посакува ние да страдаме на тој начин и поради таа причина Тој ги има запишано во Библијата начините на коишто можеме да уживаме во вечниот живот и вистинската слобода.

Криминалците или оние кои што го прекршуваат законот на

земјата ќе бидат нервозни ако здогледаат некои полициски службеници. Но оние луѓе кои што се придржуваат до законот не мораат да се чувствуваат така, туку напротив, тие секогаш ги запрашуваат полицајците за помош и сочувствуваат заедно со нив.

На истиот начин оние кои што живеат во вистината не се плашат од ништо и уживаат во слободата, бидејќи сваќаат дека законот на Бога всушност е преминот за благословите. Тие можат да уживаат во слободата на начинот на којшто китовите слободно пливаат во океанот и на начинот на којшто орлите слободно летаат по небото.

Божјиот закон воглавно може да се категоризира во четири нешта. Тој ни кажува кои нешта треба да ги правиме, кои не треба да ги правиме, кои треба да ги запазиме и кои нешта треба да ги отфрлиме. Како што поминуваат деновите, светот станува се поизвалкан со дамките на гревот и злото, па заради таа причина сé поголем број на луѓе го чувствуваат законот Божји како еден вид оптоварување и не го запазуваат. Луѓето кои што живееле во Израел во времето на Стариот Завет, чувствувале големи страдања ако не би го запазувале Законот на Мојсеја.

Па затоа, Бог го испратил Исуса на земјата и ги ослободил сите луѓе од проклетството на Законот. Безгрешниот Исус умрел на крстот и секој кој што верува во Него, може преку верата да се здобие со спасение. Кога луѓето се здобиваат со дарот на Светиот Дух преку прифаќањето на Исуса Христа, тие тогаш стануваат чеда Божји и исто така можат да ги носат плодовите на Светиот Дух, преку водството на Светиот Дух.

Кога Светиот Дух надоаѓа во нашите срца, тогаш Тој ни помага да ги сватиме длабоките Божји нешта и да го живееме животот во согласност со Божјото Слово. На пример, ако постои некоја личност на која што не можеме да ѝ простиме, Тој не потсетува на проштевањето и љубовта на Господа и ни помага во обидите да ѝ простиме на таа личност. Тогаш, ние ќе бидеме во можност брзу да го отфрлиме злото од нашите срца и да го замениме со добрина и љубов. На тој начин, носејќи ги плодовите на Светиот Дух, не само дека ќе ја уживаме слободата во вистината, туку исто така ќе ја добиваме и обилната љубов и благословите од Бога.

Низ плодовите на Духот можеме да се преиспитаме себеси до кој степен сме станале осветени и колку можеме да му се приближиме на престолот на Бога, преиспитувајќи се колку сме го искултивирале срцето на Господа, кој што е нашиот младоженец. Колку повеќе плодови на Духот ќе понесеме, во толку посветли и поубави небесни места за живот ќе можеме да влеземе. За да можеме да стигнеме во Новиот Ерусалим на Небесата, ќе треба да ги понесеме сите плодови во целост и убавина, а не само некои од нив.

Ова дело *Против Таквите Нешта Не Постои Закон* ни овозможува полесно да ги сватиме духовните значења на деветте плодови на Светиот Дух, проследени со некои специфични примери за тоа. Заедно со Духовната Љубов спомената во 1 Коринтјани 13, и со Блаженствата во Матеј 5, плодовите на Светиот Дух претставуваат еден патоказ којшто не води кон соодветната вера. Тие ќе не водат сé додека не ја достигнеме крајната дестинација на нашата вера, Новиот Ерусалим.

Ја оддавам благодарноста на Геумсун Вин, директорот на уредувачкото биро и на персоналот, и се молам во името на Господа, вие преку оваа книга што побргу да ги понесете деветте плодови на Светиот Дух, за да бидете во можност да уживате во вистинската слобода и да станете жители на Новиот Ерусалим.

Церок Ли

Вовед

Патоказ за нашето патување во верата до Новиот Ерусалим во Небесата

Во овој денешен модерен свет секој е постојано зафатен со работа. Луѓето напорно работат за да заработат, поседуваат и уживаат во многу нешта. Некои луѓе сепак си имаат некои свои лични животни цели и покрај трендот којшто во моментот постои во светот, иако дури и таквите личности понекогаш се прашуваат дали го живеат животот на правилен начин. Во тие моменти тие можеби ќе погледнат назад кон случувањата во нивните животи. Ние исто така, во нашето патување во верата, можеме да постигнеме брз раст и да тргнеме по некоја кратенка одејќи кон Кралството Небесно, ако се проверуваме себеси преку Словото Божјо.

Главата 1, 'Да се носат полодовите на Духот', ни објаснува за Светиот Дух кој што повторно го оживува мртвиот дух, којшто умрел поради Адамовиот грев. Тука ни се укажува дека преку следењето на желбите на Светиот Дух можеме во изобилство да ги понесеме плодовите на Светиот Дух.

Главата 2 'Љубов' ни кажува за првиот плод на Духот, 'љубовта'. Тука исто така ни се прикажани и некои расипани форми на љубовта коишто настанале од времето на Адамовиот пад и ни ги објаснува начините преку коишто можеме да ја искултивираме љубовта којашто му е угодна на Бога.

Главата 3, 'Радост' ни укажува дека главниот стандард според којшто можеме да провериме дали нашата вера е правилна и ни ја објаснува причината зошто сме ја изгубиле радоста на првата љубов. Тука добиваме информации за трите начини на коишто можеме да го понесеме плодот на радоста, преку коишто можеме да се радуваме и да бидеме весели во било какви околности и ситуации.

Главата 4 'Мир' ни кажува дека е многу важно да се искршат ѕидовите на гревовите, за да можеме да го имаме мирот со Бога и дека мораме да го одржуваме мирот во нас самите, исто како и со другите луѓе. Тука ни е објаснета важноста на искажаните зборови на добрината и размислувањата погледнати од гледната точка на другите луѓе, во процесот на создавањето на мирот.

Главата 5 'Трпение' ни објаснува дека вистинското трпение

не е само да се притиснат тешките чувства, туку означува трпеливост понесена од страна на доброто срце ослободено од злото и ни укажува на големите благослови коишто ќе ги добиеме ако во себе го имаме вистинскиот мир. Тука исто така се истражени и трите видови на трпението: трпението во обидите да се промени нечие срце; трпението во односите со луѓето; трпението коешто се однесува на Бога.

Главата 6 'Љубезност' не поучува за тоа какви личности во себе ја имаат љубезноста којашто е пример за љубезноста на Господа. Разгледувајќи ги карактеристиките на љубезноста, тука исто така ни се укажува и на разликите на љубезноста од 'љубовта'. На крајот ни го покажува патот по којшто би можеле да ја добиеме Божјата љубов и благословите.

Главата 7 'Добрина' ни кажува за срцето на добрината, проследено со примерот на Господа кој што не се расправал, ниту пак викал; ниту ја искршил удираната трска, ниту го изгаснал фитилот што тлее во светилките. Тука исто така е направена разлика помеѓу добрината и другите плодови на Духот, така што би можеле да го понесеме плодот на добрината и да ја оддаваме миризбата на Христа.

Главата 8 'Верност' нé поучува за видот на благословите коишто би ги примиле кога би биле верни во сиот Божји дом. Преку примерот на Мојсеја и на Јосифа ни се објаснува какви личности го носат плодот на верноста.

Главата 9 'Кроткост' ни го објаснува значењето на кроткоста, гледано од очите на Бога и ни ги објаснува карактеристиките на оние луѓе кои што го носат плодот на кроткоста. Тука ни е даден приказот на четирите видови на полиња, укажувајќи ни што би требало да направиме за да го понесеме плодот на кроткоста. На крајот ни се укажува на благословите коишто ќе ги добијат оние кои што се кротки.

Главата 10 'Самоконтрола' ни ја демонстрира причината зошто самоконтролата е именувана како последниот плод меѓу деветте плодови на Светиот Дух, воедно укажувајќи ни на значењето од самоконтролата. Плодот на самоконтролата е неопходно нешто, коешто врши контрола над сите други осум плодови на Светиот Дух.

Главата 11, 'Против таквите нешта не постои закон' претставува заклучок на оваа книга, којашто ни помага да ја сватиме важноста на следењето на Светиот Дух, искажувајќи ги желбите сите читатели на оваа книга, бргу да станат луѓе на целиот дух, преку помошта од страна на Светиот Дух.

Не можеме да кажеме дека ја поседуваме големата вера само заради тоа што подолг временски период сме биле верници или заради тоа што го поседуваме големото знаење за Библијата. Мерката на верата се препознава по нивото до коешто сме успеале да си ги промениме нашите срца во срцата на вистината, и по тоа колку сме успеале да го искултивираме срцето на Господа.

Се надевам дека сите читатели ќе бидат во можност да си ја проверат својата вера и дека во изобилство ќе ги понесат деветте плодови на Светиот Дух, според водството на Светиот Дух.

Геумсун Вин,
Директор на Уредувачкото Биро

Содржина
Против Таквите Нешта Не Постои Закон

Предговор · vii

Вовед · xi

Глава 1
Да се носат плодовите на Духот — 1

Глава 2
Љубов — 15

Глава 3
Радост — 33

Глава 4
Мир — 55

Глава 5
Трпение — 79

Глава 6

Љубезност　　　　　　　　　　103

Глава 7

Добрина　　　　　　　　　　　123

Глава 8

Верност　　　　　　　　　　　145

Глава 9

Кроткост　　　　　　　　　　　167

Глава 10

Самоконтрола　　　　　　　　195

Глава 11

Против таквите нешта не постои закон　213

Галатјаните 5:16-21

„Ви велам, чекорете со Духот, и желбите на телесното нема да ги извршувате. Бидејќи телесното ги има желбите спротивни на Духот, а Духот ги има спротивни на телесното; бидејќи тие се спротивни еден на друг, за да не можете да го правите она што ќе го посакате. Но ако ве предводи Духот, вие тогаш не сте под Законот. Сега делата на телесното се очигледни, и тие се: неморалот, нечистотијата, сладострастието, идолопоклонството, волшебството, непријателството, кавгите, љубомората, изливите на гнев, расправиите, раздорите, фракциите, зависта, пијанството, лумпувањето и нешта слични на овие, за коишто ве предупредувам, исто како што претходно ве предупредив, дека оние кои што ги практикуваат ваквите нешта нема да го наследат Кралството Божјо."

Глава 1

Да се носат плодовите на Духот

Светиот Дух повторно го оживува мртвиот дух
Да се носат плодовите на Духот
Желбите на Светиот Дух и желбите на телесното
Да не ја загубиме надежта во срцето во правењето добро

Да се носат плодовите на Духот

Ако возачите би можеле да возат по празен автопат, би имале чувство дека возењето е освежувачко. Но ако за прв пат возат низ некоја област, тие сепак мораат да бидат екстра претпазливи и да бидат на штрек. Но што ако имаат ГПС навигационен систем во својата кола? Во тој случај тие би ги имале деталните информации во врска со патот и правилно водство низ областа, така што ќе можат да стигнат до својата дестинација без да се доведат во ситуација да се загубат.

Нашето патување во верата на нашиот пат кон Кралството Небесно е многу слично на ова. Оние луѓе кои што веруваат во Бога и живеат според Неговото Слово, добиваат заштита и водство од страна на Светиот Дух, кој што однапред ги известува за нештата, така што ќе бидат во можност да ги избегнат многуте препреки и потешкотии во животот. Светиот Дух нé води по најкраткиот и најлесниот пат до нашата дестинација, до Кралството Небесно.

Светиот Дух повторно го оживува мртвиот дух

Првиот човек Адам бил жив дух кога Бог го направил и кога му го вдишал здивот на животот во неговите ноздри. 'Здивот на животот' ја претставува 'силата којашто е содржана во изворната светлина' и тој бил пренесен на Адамовите наследници додека тие живееле во Градината Едемска.

Сепак, кога Адам и Ева го извршиле гревот на непочитувањето и биле истерани од градината тука на земјата, нештата веќе не биле исти. Бог им го одземал на Адам и Ева најголемиот дел од тој здив на животот и им оставил само мала трага од него, а тоа е всушност 'семето на животот'. Ова семе на животот не можело да се пренесува од Адама и Ева на нивните чеда.

Па затоа, во шестиот месец на бременоста Бог го става семето на животот во духот на бебето и го всадува во јадрото на клетките коишто се во срцето, коешто е централниот дел на човечкото суштество. Во случаите кај оние луѓе кои што го немаат прифатено Исуса Христа, семето на животот останува неактивно токму онака како што е неактивно и семето коешто е покриено со цврста обвивка. Ние кажуваме дека духот е мртов сé додека семето на животот останува неактивно. Сé додека духот останува мртов, една личност не може да се здобие со вечниот живот ниту може да отиде во Небесното Кралство.

Од времето на падот на Адама, сите човечки суштества се предодредени да умрат. За да можат повторно да се здобијат со вечниот живот, тие мораат да добијат прошка за нивните гревови, коишто се изворна причина за смртта, за да можат потоа нивните мртви духови да бидат повторно оживеани. Поради оваа причина, Богот на љубовта го испратил Неговиот еднороден Син Исус на земјата, да биде откупителна жртва и да го отвори патот на спасението за луѓето. Имено, Исус ги превземал на Себе сите гревови на човештвото и умрел на крстот, за да може да доведе до оживување на нашите мртви духови. Тој станал патот, вистината и животот преку кого сите луѓе можат да се здобијат со вечниот живот.

Затоа кога го прифаќаме Исуса Христа како нашиот личен

Спасител, нашите гревови наоѓаат прошка; ние стануваме Божји чеда и го примаме дарот на Светиот Дух. Преку силата на Светиот Дух, семето на животот, коешто останало успиено поради тоа што било покриено со цврста обвивка, повторно се буди и станува активно. Тогаш се случува повторното оживување на мртвиот дух. Во врска со ова Јован 3:6 кажува, „*...зошто роденото од Дух, дух е.*" Едно семе коешто е изникнато може да расте само ако му е обезбедено доволно вода и сончева светлина. На истот начин, на семето на животот мора да му се обезбеди доволно духовна вода и светлина, за да може по изникнувањето да расте и да се развива. Имено за да можеме да направиме нашите духови да растат и да се развиваат, мораме да го учиме Словото Божјо, кое што всушност е духовната вода и мораме да делуваме според Словото Божјо, што всушност претставува духовна светлина.

Светиот Дух кој што дошол во нашите срца ни овозможува да дознаеме сè во врска со гревот, праведноста и судот. Тој ни помага да ги отфрлиме гревовите и беззаконието и да го живееме животот во праведноста. Тој ни ја дава силата да размислуваме, зборуваме и да делуваме во вистината. Тој исто така ни помага да водиме живот во верата, имајќи ја верата и надежта за Небесното Кралство, така што нашите духови на тој начин можат многу добро да растат и да се развиваат. Дозволете ми да ви дадам еден илустративен приказ заради полесно и подобро сваќање на ова нешто.

Да претпоставиме дека гледаме едно дете коешто било одгледано во едно среќно семејство. Еден ден тоа дете отишло во планината и гледајќи ја прекрасната гледка извикало, „Ехееј!" Но тогаш, некој му одговорил на детето на истиот тој начин извикнувајќи, „Ехееј!" Изненадено, детето прашало, „Кој си ти?" а другото дете го повторило истото прашање по него. Детето се налутило поради тоа што таа личност ја имитирала и кажало, „Дали се обидуваш да започнеш караница со мене?" а истите зборови му се вратиле до него. Тоа наеднаш почувствувало дека некој го гледа и се исплашило.

Тоа бргу се вратило од планината и сé и раскажало на мајка си. Тоа рекло, „Мамо, има некое многу лошо дете во планината." Но мајка му, со нежна насмевка му кажала, „Јас мислам дека детето кое што е во планините е добро момче и дека може да ти биде пријател. Зошто не отидеш утре повторно во планината и да му кажеш дека ти е жал?" Следното утро момчето повторно отишло до врвот на планината и извикало со силен глас, „Жал ми е поради она вчера! Зошто не ми станеш пријател?" Истиот одговор му се вратил назад.

Мајката му дозволила на својот син самиот да дознае за што се работи тука. На истиот начин и Светиот Дух ни помага во нашето патување во верата, третирајќи нé на начинот на којшто нежната мајка му помогнала на детето.

Да се носат плодовите на Духот

Кога ќе се посади едно семе, тоа изникнува, расте и цвета, за по расцветувањето, да дојде до резултатот на сето тоа, до плодот. На сличен начин, кога семето на животот коешто се наоѓа во нас, посадено од страна на Бога, почне да дава пупки преку помошта на Светиот Дух, тоа потоа ќе почне да расте и да ги носи плодовите на Светиот Дух. Сепак не секој кој што го примил Светиот Дух ќе ги понесе и плодовите на Светиот Дух. Можеме да ги понесеме плодовите на Светиот Дух само кога ќе го следиме водството од страна на Светиот Дух.

Светиот Дух може да се спореди со еден вид електричен генератор. Струјата ќе може да се создава само кога генераторот ќе биде вклучен. Ако ваквиот генератор е поврзан со една сијалица и ја снабди со струја, тогаш таа сијалица ќе засветли. Кога постои светлина, темнината си заминува. На истиот начин кога Светиот Дух делува во нас, темнината којашто е во нас си заминува, поради фактот што во нашите срца се вселува светлината. Тогаш ќе можеме да ги понесеме плодовите на Светиот Дух.

Патем кажано, тука постои една многу важна работа. За сијалицата да засјае со светлина, конектирањето со генераторот нема ништо да направи. Некој ќе мора да го вклучи генераторот. Бог ни го дал генераторот наречен Светиот Дух, а ние самите треба да го вклучиме овој генератор, Светиот Дух.

За да можеме да го вклучиме генераторот на Светиот Дух мораме постојано да бидеме на штрек и ревносно да се молиме. Исто така мораме да му се покоруваме на водството од страна на Светиот Дух и да ја следиме вистината. Кога ќе го следиме водството и побарувањата на Светиот Дух, можеме да кажеме дека ги следиме желбите на Светиот Дух. Ако вредно ги следиме желбите на Светиот Дух, ќе бидеме исполнети со Светиот Дух и правејќи го тоа, нашите срца ќе се изменат со вистината. Штом ќе ја постигнеме исполнетоста со Светиот Дух, ќе можеме да ги носиме плодовите на Светиот Дух.

Кога ќе успееме во целост да ја отфрлиме сета грешна

природа од нашите срца и ќе успееме да го искултивираме срцето на духот со помошта на Светиот Дух, тогаш плодовите на Светиот Дух ќе почнат да си ги покажуваат своите форми. Но исто како што брзината на созревањето и на големината на гроздовите зрна во секој грозд е различна, исто така некои од плодовите на Светиот Дух можат во целост да бидат созреани, додека некои други да не се. Кај една личност може да се случи плодот на љубовта да биде во изобилство изроден, додека плодот на самоконтролата да не е доволно созреан. Или пак може да се случи плодот на верноста да биде во целост созреан, додека плодот на кроткоста да не е.

Како и да е, како поминува времето, секое од овие зрна ќе созрее во целост и гроздот ќе биде исполнет со големи, темно виолетови зрна грозје. Слично на ова, ако успееме да ги понесеме сите плодови на Светиот Дух во целост, тогаш тоа значи дека сме станале луѓето на целиот дух, кои што Бог посакува да ги добие. Таквите луѓе ќе ја оддаваат миризбата на Христа во секој аспект на своите животи. Тие јасно ќе го слушаат гласот на Светиот Дух и ќе ја манифестираат силата на Светиот Дух за да му ја оддаваат славата на Бога. Бидејќи во целост ќе му наликуваат на Бога, нив ќе им се дадат квалификациите да можат да влезат во Новиот Ерусалим, каде што се наоѓа престолот на Бога.

Желбите на Светиот Дух и желбите на телесното

Кога се обидуваме да ги следиме желбите на Светиот Дух,

постојат други видови на желби коишто ни сметаат во тоа. Тоа се желбите на телесното. Желбите на телесното ја следат невистината, којашто е спротивна на Божјото Слово. Тие прават ние да посакаме некои нешта како што се похотата на телесното, похотата на очите и фалбациската гордост на животот. Тие исто така нé тераат да ги извршуваме гревовите и да ја практикуваме неправедноста и беззаконието.

Неодамна еден човек дојде кај мене барајќи да се помолам за него, барајќи помош во надминувањето на гледањето непристојни нешта. Тој ми кажа дека почнал да ги гледа тие нешта не заради тоа да најде некое уживање во нив, туку во обидот да свати како таквите нешта влијаат врз луѓето. Но штом еднаш ги погледнал, тие сцени постојано му биле врежани во умот, правејќи постојано да посакува повторно да ги погледа. Но длабоко во него, Светиот Дух го повикувал да не го прави тоа, поради што бил навистина вознемирен.

Во овој случај, неговото срце било вознемирено поради похотата на очите, имено поради нештата коишто ги имал видено со своите очи и слушнато со своите уши. Ако не успееме да ја отфрлиме ваквата похота на телесното туку продолжиме да ја прифаќаме, наскоро ќе ги примиме невистинитите нешта два, три или четири пати, по што бројот постојано ќе се зголемува.

Поради оваа причина Галатјаните 5:16-18 ни кажува, *„Ви велам чекорете со Духот и нема да ги извршувате желбите на телесното. Бидејќи телесното ги поставува своите желби против Духот, а Духот своите против телесното; бидејќи тие се спротивни едни со други, за да* не ги правите нештата како што ќе посакате. Но ако ве предводи Духот, вие тогаш не сте под Законот."

Од една страна, кога ќе ги следиме желбите на Светиот Дух, ние ќе имаме мир во срцата и ќе чувствуваме радост поради тоа што Светиот Дух се радува. Од друга страна пак, ако ги следиме желбите на телесното, нашите срца ќе бидат вознемирени поради фактот што Светиот Дух ќе тагува во нас. Исто така ќе ја изгубиме и целоста на Духот, па ќе ни биде сѐ потешко да ги следиме желбите на Светиот Дух.

Павле зборувал за ова во Римјаните 7:22-24 кажувајќи, *„Бидејќи радосно се согласувам со законот на Бога во моето внатрешно битие, но гледам различен закон во деловите на телото мое, коишто војна водат против законот на мојот ум, правејќи ме заробеник на законот на гревот, којшто е во деловите од телото мое. О колку беден човек сум! Кој ќе ме избави од телото на оваа смрт?"* Следствено со тоа дали ги следиме желбите на Светиот Дух или пак оние на телесното, ние можеме да постанеме или чеда Божји, кои што ќе бидат спасени, или пак ќе бидеме чедата на темнината, кои што ќе појдат по патот на смртта.

Галатјаните 6:8 вели, *„Кој сее во телото свое, од телото ќе пожнее погибел, а кој сее во Духот, од Духот ќе го пожнее животот вечен."* Ако ги следиме желбите на телесното, ние тогаш единствено ќе ги извршуваме делата на телесното, коишто се гревовите и беззаконијата, за на крајот да не влеземе во Кралството Небесно (Галатјаните 5:19-21). Но ако ги следиме желбите на Светиот Дух, тогаш ние ќе ги носиме деветте плодови на Светиот Дух (Галатјаните 5:22-23).

Да не ја загубиме надежта во срцето во правењето добро

Сé до она ниво до коешто делуваме во верата, следејќи го Светиот Дух, до тоа ниво ќе можеме да ги носиме плодовите на Духот и да постанеме вистинските чеда на Бога. Но во човековото срце постојат срцето на вистината и срцето на невистината. Срцето на вистината не води кон следењето на желбите на Светиот Дух и водењето живот според Словото Божјо. Срцето на невистината пак прави да ги следиме желбите на телесното и да го живееме животот во темнината.

На пример, запазувањето на светоста на Господовиот Ден е една од Десетте Божји Заповеди коишто Божјите чеда мора да ги зачуваат. Но еден верник којшто е сопственик на продавница и во себе ја има слабата вера, може во своето срце да почувствува конфликт, помислувајќи дека ќе изгуби дел од профитот ако ја затвори продавницата во неделите. Тогаш желбите на телесното ќе направат да си помисли, 'А што ако ја затворам продавницата секоја втора недела? Или што ако јас присуствувам на неделната утринска служба а мојата жена на вечерната, за да можеме да се менуваме на смени во продавницата?' Но желбите на Светиот Дух ќе му помогнат во повинувањето на Словото Божјо давајќи му објасненија како што е, „Ако ја зачувам светоста на Господовиот Ден, тогаш Бог ќе ми даде повеќе профит од тоа да ја отварам продавницата и во неделите."

Светиот Дух ѝ помага на нашата слабост и посредува за нас со воздишки коишто се предлабоки за изразување преку зборови (Римјаните 8:26). Кога ќе ја практикуваме вистината следејќи ја оваа помош од страна на Светиот Дух, тогаш ќе го имаме мирот во нашите срца, а нашата вера секојдневно ќе биде во пораст.

Словото Божјо коешто е запишано во Библијата е вистината којашто никогаш не се менува; тоа ја претставува самата добрина. Тоа им го дава вечниот живот на Божјите чеда и ја претставува светлината којашто ги води кон уживањето во вечната среќа и радост. Божјите чеда кои што се под водството на Светиот Дух би требало да го распнат телесното заедно со своите страсти и желби. Тие исто така би требало да ги следат желбите на Светиот Дух во согласност со Словото Божјо и да не ја загубат надежта во правењето добрина.

Матеј 12:35 кажува, *„Добриот човек од добрата ризница своја изнесува добро; а лошиот човек од лошата ризница своја изнесува лошо."* Затоа мораме да го отфрлиме злото од нашите срца, преку ревносното молење и постојаното натрупување на добрите дела.

И Галатјаните 5:13-15 кажува, *„Бидејќи вие браќа сте повикани кон слободата; но слоодата ваша да не ви служи како можност за телесното, туку преку љубовта служете си помеѓу себе. Бидејќи целиот Закон се исполнува во едното слово, во изреката 'Сакај го ближниот како самиот себеси.' Но ако еден со друг се јадете и гризете, пазете да не се изедете помеѓу себе,"* и Галатјаните 6:1-2 наведува, *„Браќа, дури и да падне некој во некој грев, вие продуховените поправете го таквиот преку духот на кроткоста; внимавајќи и вие исто така да не бидете ставени во искушение. Понесете ги вашите тешкотии помеѓу себе, и исполнете го со тоа законот Христов."*

Кога ќе успееме во напорите да го следиме таквото Слово Божјо какво што е погоре наведено, тогаш ќе можеме во изобилство да ги понесеме плодовите на Духот и да станеме луѓето на духот и на целиот дух. Потоа ќе можеме да примиме сé што ќе побараме во нашите молитви и да влеземе во Новиот Ерусалим, во вечното Кралство Небесно.

1 Јован 4:7-8

„Сакани, да се сакаме еден со друг, бидејќи љубовта е од Бога; и секој кој што сака е роден од Бога и го познава Бога.

Оној кој што не сака, не го познава Бога, бидејќи Бог е љубов."

Глава 2

Љубов

Највисокото ниво на духовната љубов

Телесната љубов се менува со тек на времето

Духовната љубов е давањето на сопствениот живот

Вистинската љубов кон Бога

За да се носат плодовите на љубовта

Љубов

Љубовта е нешто многу помокно од она што можат да си го замислат. Преку мокта на љубовта можеме да ги спасиме оние кои што инаку се напуштени од страна на Бога и кои што се тргнати по патот на смртта. Љубовта може да им даде една нова сила и охрабрување. Ако преку мокта на љубовта ги покриеме грешките на другите луѓе, тогаш ќе се случат некои неверојатни промени и некои многу големи благослови ќе бидат дадени од страна на Бога, бидејќи Бог делува среде добрината, љубовта, вистината и правдата.

Еден тим на социолози извршил една студија врз 200 студенти коишто пребивале во осиромашената средина на градот Балтимор. Тимот заклучил дека овие студенти имаат многу мали шанси и надеж да успеат. Но кога ги извршиле следните испитувања после 25 години, биле вчудоневидени од добиените резултати. 176 од 200 станале успешни професионалци, на пример адвокати, лекари, свештеници или бизнисмени. Истражувачите ги запрашале како било возможно тие да ги надминат недоволните услови во коишто престојувале, а тие сите го спомнале името на еден професор. Овој професор бил потоа запрашан како успеал да создаде толку прекрасна промена во овие луѓе, на што тој одговорил, „Јас само ги сакав, а тие го знаеа тоа."

Што би можеле сега да кажеме за љубовта, првиот од деветте плодови на Светиот Дух?

Највисокото ниво на духовната љубов

Вообичаено љубовта може да се категоризира во телесна љубов и духовна љубов. Телесната љубов ја бара само корист за некој поединец. Таа претставува една бесмислена љубов којашто се менува со текот на времето. Духовната љубов пак, ја посакува користа на другите луѓе и никогаш не се менува под никакви околности. 1 Коринтјаните 13 во детали ни објаснува за духовната љубов.

> *Љубовта е долготрпелива, полна е со љубезност и не е љубоморна; љубовта не се превознесува и не е арогантна, љубовта не делува непристојно; не бара своја корист, не се предизвикува, не се осврнува на лошото направено, не ѝ се радува на неправдата, туку ѝ се радува на вистината; љубовта ги носи сите нешта, верува ви сите нешта, има надеж за сите нешта и ги трпи сите нешта* (1 Коринтјаните 13:4-7).

Како тогаш се разликуваат плодовите на љубовта опишани во Галатјаните 5 и оние на духовната љубов опишана во 1 Коринтјаните 13? Љубовта којашто е плод на Светиот Дух во себе ја вклучува и пожртвуваната љубов преку којашто една личност може да си го жртвува дури и својот живот. Таа љубов претставува љубов којашто е за едно ниво повисока од љубовта опишана во 1 Коринтјани 13. Таа претставува највисоко ниво на духовната љубов.

Ако во себе го носиме плодот на љубовта и можеме да си ги жртвуваме своите животи за другите луѓе, тогаш ние ќе бидеме во состојба да ги сакаме сите нешта и сите луѓе. Бог нé сакал со сето Свое срце, а Господ нé сакал со сиот Свој живот. Ако во себе ја поседуваме ваквата љубов, тогаш ќе бидеме во можност да си ги жртвуваме своите животи за Бога, за Неговото Кралство и за Неговата праведност. Понатаму, бидејќи го сакаме Бога, исто така ќе можеме да го поседуваме и највисокото ниво на љубовта, стануваjќи способни да си ги жртвуваме своите животи не само за своите браќа, туку исто така и за нашите непријатели коишто не мразат.

1 Јован 4:20-21 кажува, *„Ако некој рече, 'Го сакам Бога,' а го мрази братот свој, тогаш тој е лажливец; бидејќи оној кој што не го сака братот свој кого го има видено, како ќе може да го сака Бога кого што го нема видено. Па оваа заповед ни е дадена од Него, оној кој што го сака Бога, треба да си го сака и братот свој исто така."* Затоа, ако го сакаме Бога, тогаш ќе можеме сите да ги сакаме. Ако кажеме дека го сакаме Бога додека сеуште мразиме некого, тогаш тоа е голема лага.

Телесната љубов се менува со тек на времето

Кога Бог го создал првиот човек Адама, Тој го сакал со духовна љубов. Тој создал една убава градина на исток, во Едем и му дозволил да живее таму, без да чувствува било какви недостатоци во било што. Тогаш Бог чекорел заедно со него. Тој не само што му ја подарил Градината Едемска, којашто е едно прекрасно место за живеење, туку исто така му го подарил и авторитетот да може да владее и да ги потчини сите нешта коишто се на овој свет.

Бог му ја подарил оваа духовна љубов на Адама во изобилство. Но Адам не можел вистински да ја почувствува Божјата љубов. Адам никогаш порано ја немал искусено омразата ниту телесната љубов којашто се менува со текот на времето, па така и не можел да свати колку таквата љубов претставува прекрасно нешто. По поминувањето на еден долг временски период, Адам бил искушан од страна на змијата и не го испочитувал и не му се повинувал на Словото Божјо. Тој пробал од овоштието коешто стриктно му било забрането од страна на Бога (Битие 2:17; 3:1-6).

Како резултат на сето тоа во Адамовото срце се всадил гревот и тој станал човек на телесното којшто повеќе не можел да комуницира со Бога. Но сега ниту Бог не можел повеќе да му дозволи да пребива во Градината Едемска исто така, па затоа бил истеран на земјата. Додека поминувале низ процесот на човечката култивација (Битие 3:23), сите човечки суштества, кои што биле потомци на Адама, се запознале со релативноста преку искусувањето на спротивните чувства од љубовта, коишто не им биле познати во Градината Едемска, како што е на пример омразата, зависта, болката, тагата, болеста и повредите. Во меѓувреме тие станале сѐ пооддалечени од духовната љубов. Како што нивните срца станувале сѐ порасипани и сѐ потелесни поради гревовите, така и нивната љубов стануваат телесна љубов.

Толку многу време има одминато од времето на Адамовиот

пад па сé до денес, па е навистина тешко да се пронајде духовната љубов на овој свет. Луѓето ја изразуваат својата љубов на неколку најразлични начини, но таа нивна љубов претставува само една телесна љубов којашто се менува со текот на времето. Како што одминува времето и се изменуваат ситуациите и околностите, така се менува и умот на луѓето, па тие лесно ги изневеруваат своите сакани, следејќи си ја само својата лична корист. Така луѓето даваат само кога прво ќе добијат нешто од некого, или кога давањето ќе може да им биде од корист. Ако сакате да примите колку што сте дале, или ако се разочарате од другите луѓе кои што не ви возвраќаат онолку колку што сте посакувале или очекувале да добиете од нив,тогаш тоа исто така претставува телесна љубов.

Кога човекот и жената се во врска, тогаш тие можеби ќе си кажат некои нешта како што е 'засекогаш ќе се сакаат помеѓу себе' или како 'нема да можат да живеат еден без друг'. Сепак во повеќето случаи тие ги менуваат своите мисли откако ќе се венчаат. Како што одминува времето тие почнуваат да ги воочуваат нештата коишто не им се допаѓаат кај своите брачни другари. Порано сите нешта им изгледале добри и тие се обидувале во секој поглед да ја задоволат саканата личност, но тоа веќе не можело да биде исто. Тие сé почесто стануваат намргодени и почнуваат да си создаваат потешкотии. Многу се вознемируваат ако нивниот брачен другар не го направи она што ќе го побараат од него. Пред само неколку децении разводот беше една многу ретка појава, но затоа денеска тој се случува многу лесно, па дури луѓето по разводот лесно се премажуваат со некоја друга личност. Но сепак луѓето и понатаму си кажуваат едни на други дека ќе се сакаат на вистински начин и засекогаш. Тоа претставува еден типичен вид на телесна љубов.

Затоа пак љубовта помеѓу родителите и децата е многу поразлична од ваквата љубов. Родителите се спремни да си ги дадат дури и своите животи за своите деца, но дури и да го направат тоа, тоа сепак не претставува една духовна љубов. Ако ние ја поседуваме духовната љубов во себе, тогаш ќе бидеме во состојба да ја дадеме таквата љубов не само на своите деца, туку и на секоја друга личност. Но како што светот станува сѐ позол, сѐ потешко е да се најдат родители кои што би си ги жртвувале своите животи, дури и за своите деца. Голем број на родители и деца имаат непријателски чувства помеѓу себе поради некоја материјална корист или поради некои несогласувања во животните ставови.

Што да се каже за љубовта помеѓу браќата и сестрите или помеѓу пријателите? Многу браќа постануваат непријатели помеѓу себе ако се вовлечат во некои проблеми во врска со пари или наследство. Истата ситуација сѐ почесто се случува и помеѓу пријателите. Помеѓу нив постои љубов само во ситуациите каде што има согласување во нивните животни ставови. Но таквата љубов може лесно да се измени ако нештата се изменат. Исто така, луѓето во повеќето случаи очекуваат да добијат за возврат онолку колку што имаат дадено. Ако чувствуваат страст, може да се случи да дадат без да очекуваат нешта за возврат. Но ако страста почне да остинува, тие почнуваат да се кајат заради тоа што давале без да добијат нешто за возврат. Ваквиот вид на љубов е телесна љубов.

Духовната љубов е давањето на сопствениот живот

Навистина е трогателно кога некој ќе си го положи својот живот заради некоја сакана личност. Но ако знаеме дека ќе треба да го дадеме својот живот за некого, самиот тој факт ја создава потешкотијата да можеме да ја сакаме таа личност. На тој начин се ограничува човековата љубов.

Да кажеме дека еден крал има убав сакан син. Во кралството негово постои еден познат убиец којшто бил осуден на смрт. Единствениот начин за тој осуденик да остане во живот е да некоја сосем невина личност си го положи својот живот наместо него. Дали тогаш овој крал би можел да го даде својот убав невин син, кој што би требало да умре наместо познатиот убиец? Такво нешто никогаш не се има случено во текот на целата човечка историја. Но Богот Создателот кој што не може да се споредува со ниту еден овоземски крал, си го дал Својот еден и единороден Син за нас. Ова ни покажува колку е голема Неговата љубов за нас (Римјаните 5:8).

Поради Адамовиот грев, целото човештво морало да појде по патот на смртта, за да ја исплати платата за гревот. За да може да се спаси човештвото и да се поведат луѓето кон Небесата, морало да се најде решение за проблемот со нивниот грев. За да се реши овој проблем во врска со гревот којшто стоел како ѕид помеѓу Бога и човештвото, Бог го испратил Својот еден и единороден Син Исус да ја плати цената за нивниот грев.

Галатјаните 3:13 кажува, *„Проклет е секој кој што виси на*

дрво." Исус бил обесен на дрвениот крст за да нé ослободи од проклетството на законот којшто кажува, *"Платата за гревот е смртта"* (Римјаните 6:23). Исто така и поради тоа што не постои проштевање без пролевање крв (Евреите 9:22), Тој ја пролеал сета Своја крв и вода. Исус ги примил казните наместо нас и секој кој што верува во Него, може да добие проштевање за своите гревови и да се здобие со вечниот живот.

Бог знаел дека грешниците ќе го прогонуваат и ќе го исмеваат Исуса, за на крајот и да го распнат, Оној кој што е Син Божји. Сепак, за да може да ја спаси грешната човечка раса којашто е предодрена да падне во вечната смрт, Бог го испратил Исуса на овој свет.

1 Јован 4:9-10 вели, *"Преку ова љубовта на Бога се покажа во нас, со тоа што Бог го испрати Својот Еднороден Син на овој свет, за преку Него да можеме да најдеме живот. Во ова се огледа љубовта, не дека ние го засакавме Бога, туку дека Тој нас нé возљуби и го испрати Синот Негов да биде жртва помирница за гревовите наши."*

Бог ја потврдил Својата љубов кон нас со тоа што го дал Својот Еднороден Син Исус да биде обесен на крстот заради нас. Исус ја покажал Својата љубов преку Своето жртвување на крстот, заради откуп на гревовите на човештвото. Ваквата љубов Божја, којашто е покажана преку давањето на Својот Син, претставува вечна изменлива љубов, којашто ја покажува спремноста да се даде својот живот, положувајќи си ја дури и последната капка крв од телото.

Вистинската љубов кон Бога

Дали и ние исто така можеме да го поседуваме ваквото ниво на љубовта? 1 Јован 4:7-8 кажува, *"Сакани, да се сакаме еден со друг, зошто љубовта е од Бога, и секој кој што љуби е роден од Бога и го познава Бога. Оној кој што не љуби, не го познава Бога, затоа што Бог е љубов."*

Ако ваквата љубов не ја поседуваме само како знаење, туку ја чувствуваме длабоко во срцата ваквата љубов Божја којашто ни била дадена, тогаш ќе можеме најприродно и вистински да го сакаме Бога. Во нашите Христијански животи може да се случи да се соочиме со испитувања коишто ќе бидат тешки за носење, или пак можеби ќе се соочиме со ситуација кога ќе го изгубиме сиот свој имот и нештата коишто ни се скапоцени и драги. Дури и во таквите ситуации нашите срца нема воопшто да се потресат, само ако ја поседуваме вистинската љубов во нас.

Јас за малку ќе ги изгубев сите мои три скапоцени сакани ќерки. Пред околу 30 години, повеќето од луѓето во Кореја употребуваа јаглени брикети за затоплување. Јагледрод моноксидот, гасот којшто се ослободува од нив, често предизвикуваше насакани инциденти. Оваа случка се случи веднаш по отворањето на црквата, кога јас престојував во приземјето на црковната зграда. Тоа трите мои ќерки, заедно со едно младо момче, имаа труење со гасот јаглерод моноксид. Тие го вдишувале овој гас во текот на целата ноќ, па изгледаше дека нема веќе надеж за нивно опоравување.

Гледајќи ги моите ќерки кои што беа во несвест, јас не почуствував ниту жалење, ниту пак имав поплаки во врска со тоа. Единствено бев благодарен помислувајќи на тоа дека ќе го живеат мирниот живот во убавите Небеса, каде што не постојат солзи, тага или болка. Но бидејќи младото момче беше црковен член, јас го замолив Бога за негово опоравување. Ги положив рацете на младото момче и се помолив за него. Потоа се помолив и за мојата трета најмлада ќерка. Додека се молев за неа, младото момче почна да се освестува. Потоа додека се молев за мојата втора ќерка, третата почна да се разбудува. Наскоро потоа и двете мои ќерки, првата и втората се освестија и разбудија. Тие не доживеаа никакви последователни штети и сé до ден денешен тие се здрави и среќни. Сите три свештенствуваат како свештеници во нашата црква.

Ако го сакаме Бога, тогаш нашата љубов никогаш нема да се измени во било каква ситуација од животот. Ние веќе ја имаме примено Неговата љубов преку жртвувањето на Неговиот Единороден Син за нас, па затоа немаме никаква причина за да го презираме или да се сомневаме во Неговата љубов. Единствено нешто што можеме да го направиме е да го сакаме безусловно, во целост да веруваме во Неговата љубов и со нашите животи да ја гарантираме верноста кон Него.

Ваквото однесување нема да се измени кога се грижиме за нашите души исто така. 1 Јован 3:16 ни кажува, *„Љубовта ја познавме преку тоа што Тој го положи животот Свој за нас; па и ние би требало да си ги полагаме животите свои за браќата наши."* Ако успееме да ја искултивираме вистинскта љубов кон Бога, тогаш ќе можеме да ги сакаме своите браќа со вистинската љубов во срцата. Што значи дека нема да ја имаме желбата да бараме некоја лична корист, па сходно на тоа ќе можеме да го дадеме сето она што го поседуваме и да не бараме ништо за возврат. Ќе се жртвуваме себеси понесени од чистите мотиви и ќе можеме да им го дадеме сиот свој имот на нашите браќа.

Во мојот пат низ верата, сé до денешниот ден, јас имам поминато низ безброј испитувања коишто ми беа дадени. Доживеав да видам предавство од страна на некои луѓе, на кои што им имав дадено толку многу во животот, па дури и од оние кои што ги сметав за дел од моето потесно семејство. Понекогаш луѓето погрешно ме сваќаа и покажуваа со прст кон мене.

Но сепак јас продолжив да ги третирам само со добрина. Ги положив сите нешта во Божји раце и се молев да им прости на тие луѓе, преку Неговата љубов и сочувство. Не чуствував омраза дури ни за луѓето кои што ѝ предизвикаа толку многу проблеми и потешкотии на црквата и си заминаа. Единственото нешто што го посакував е тие да се покајат и да се вратат назад. Кога тие луѓе направија толку многу зли нешта, сето тоа предизвика интензивни испитувања на мојата личност. Сепак јас единствено ги третирав со добрина, поради тоа што верував во Бога кој што има љубов за мене, па и јас нив ги сакав со љубовта на Бога.

За да се носат плодовите на љубовта

Ние можеме да ги носиме плодовите на љубовта сé до она

ниво до коешто сме упеале да си ги осветиме срцата, преку отфрлањето на гревовите, злото и беззаконието од нив. Вистинската љубов може да произлезе единствено од срцето коешто е осободено од злото. Ако во себе ја поседуваме вистинската љубов, тогаш ќе можеме да им го даруваме мирот и на другите луѓе, не создавајќи им потешкотии, ниту товар. Тогаш ќе бидеме во можност да го сватиме срцето на другите луѓе и ќе можеме да им служиме. Ќе можеме да им дадеме радост и да им помогнеме во напредокот на нивните души, така што Кралството Божјо ќе може да биде сè поголемо и поголемо.

Во Библијата можеме да видиме каква била љубовта којашто татковците на верата ја имаат искултивирано. Мојсеј толку многу го сакал својот народ, Израелците, што посакувал да ги спаси дури и ако тоа значело бришење на неговото име од книгата на животот (Исход 32:32).

Апостолот Павле исто така го сакал Господа преку еден неизменлив ум, уште од моментот кога за прв пат се сретнал со Него. Тој станал апостолот којшто одел кај Незнабошците и успеал да спаси толку многу души, воспоставувајќи многу цркви за време на неговите три мисионерски патешествија. Иако неговото патување било напорно и исполнето со опасности, тој секогаш му се молел на Исуса Христа и на крајот ја доживеал маченичката смрт во Рим.

Од страна на Евреите постојано се соочувал со закани за неговиот живот и доживувал многу прогонства и пречки на својот пат. Тој бил претепуван и ставан во затвор. Бил препуштен на судбината кога неговиот брод доживеал бродолом. Сепак, тој никогаш не се покајал поради патот којшто го земал на себе и го избрал. Наместо загриженоста за себе, тој постојано бил загрижен за црквата и за верниците, па дури и кога доживувал многу потешкотии на својот пат.

Тој ги искажал своите чувства во 2 Коринтјаните 11:28-29, каде што е кажано, *„А покрај сѐ друго, тука е и секојдневниот притисок во врска со сите цркви. Кој изнемоштува без да изнемоштам јас? Кој се соблазнува без да се распалам и јас?"*

Апостолот Павле не си го поштедил дури ниту сопствениот живот бидејќи во себе ја носел горечката љубов за душите на другите луѓе. Неговата голема љубов убаво е изразена во Римјаните 9:3. Таму е запишано, *„Бидејќи повеќе би сакал јас самиот да бидам проколнат, одвоен од Христа, заради доброто на моите браќа, на моите сродници по тело."* Тука 'моите средници' не се однесува на некои членови од фамилијата или на некои роднини. Тука се осврнува на сите Јудејци, вклучувајќи ги тука дури и оние кои што го прогонувале.

Тој попрво би сакал да отиде самиот во Пеколот наместо нив, само за да успее да им донесе спасение на тие луѓе. Таква била љубовта којашто тој ја поседувал. Во Јован 15:13 исто така е запишано, *„Никој нема поголема љубов од оваа, да може да го положи животот свој за своите пријатели,"* апостолот Павле го докажал своето највисоко ниво на љубовта преку станувањето маченик.

Некои луѓе кажуваат дека го сакаат Господа, но не си ги сакаат своите браќа во верата. Овие браќа не се дури ниту нивни непријатели, ниту пак бараат некој да го положи животот за нив. Тие низ некои конфликти коишто настанале помеѓу нив почнуваат да негуваат некои непријатни чувства едни за други, а коишто се однесуваат на некои тривијални небитни нешта. Дури и додека ја извршуваат работата за Бога, во себе чувствуваат потешкотии поради тоа што мислењата им се разликуваат од оние на другите луѓе. Некои луѓе се бесчувствителни кон некои луѓе чии што духови венеат и изумираат. Па дали можеме тогаш да кажеме дека таквите луѓе во себе ја имаат љубовта за Бога?

Во една прилика јас се исповедав пред целата конгрегација. Тогаш кажав, „Кога би можел да спасам илјада души, би бил спремен дури и во Пеколот да отидам наместо нив." Се разбира дека јас многу добро знаев какво место е Пеколот. Јас самиот никогаш не би направил нешто што би ме однело во Пеколот. Но ако би можел да ги спасам душите кои што паѓаат во Пеколот, тогаш би бил спремен и волен да отидам во Пеколот наместо нив.

Во тие илјада души би можеле да се вклучат и некои од нашите црковни членови. Тоа се црковни водачи и членови кои што не ја избрале вистината, туку го избрале патот на смртта дури и по слушањето на зборовите на вистината и по посведочувањето на моќните дела Божји. Тука исто така може да припаѓаат и оние кои што ја прогонуваат нашата црква, поведени од своето неразбирање и љубомора. Или пак, би можеле да бидат и некои сироти души во Африка, коишто се изгладнети поради граѓанските војни, сеопштата глад и сиромаштија.

Исто како што Исус умрел за мене и јас исто така би можел да го положам својот живот за нив. Тоа не е затоа што ги сакам поради тоа што тоа е дел од мојата должност, поради тоа што Божјото Слово ни кажува дека мораме да се сакаме помеѓу себе. Јас секојдневно ја вложувам сета моја енергија и животна сила да успеам да ги спасам, бидејќи во срцето ги сакам повеќе одошто го сакам сопствениот живот, не само заради тоа што словото тоа ни го наложува. Својот живот сум спремен да го положам за нив бидејќи знам дека тоа е една од најголемите желби на Богот Отецот, кој што мене ме сака.

Моето срце е исполнето со мислите како што се, 'Како би можел да го проповедам евангелието на колку што е можно повеќе места?' 'Како би можел што повеќе да ги манифестирам големите дела на Божјата сила за да може што поголем број на луѓе да поверува и да биде спасен?' 'Како би можел да ги натерам луѓето да ја сватат бесмисленоста на овој свет и да ги поведам кон Небесното Кралство?'

Да погледнеме на себеси и да видиме колку од Божјата љубов е изгравирана во нашите срца. Тоа е љубовта преку којашто Тој го дал Својот еден Единороден Син за нас. Ако ние сме исполнети во целост со Неговата љубов, тогаш ќе можеме да го сакаме Бога и душите на другите луѓе со целите наши срца. Ова ја претставува вистинската љубов. Ако сме успеале во искултивирањето на ваквата љубов во целост, тогаш ќе можеме да влеземе во Новиот Ерусалим, којшто претставува кристалоид на љубовта. Се надевам дека сите вие ќе успеете таму да ја споделите вечната љубов со Богот Отецот и со нашиот Господ.

Филипјаните 4:4

„Радувајте се секогаш во Господа;

и пак ќе речам, радувајте се!"

Глава 3

Радост

Плодот на радоста
Причините поради коишто исчезнува радоста на првата љубов
Кога се раѓа духовната радост
Ако сакате да го носите плодот на радоста
Жалењето дури и по носењето на плодот на радоста
Бидете позитивни и следете ја добрината во сите нешта

Радост

Смеата го ублажува стресот, лутината и напнатоста, придонесувајќи со тоа во превенцијата од срцев удар и ненадејната смрт. Таа исто така го подобрува и имунитетот на телото, што придонесува во спречувањето на инфекциите, грипот или некои други болести како што е ракот и некои болести коишто се поврзани со стилот на живеење. Смеата секако има многу позитивни ефекти врз нашето здравје, па Бог ни кажува секогаш да бидеме радосни и да се веселиме. Некој можеби ќе каже, „Како можам да се радувам, кога нема ништо за што би можел да се радувам?" Но луѓето на верата можат секогаш да се радуваат во Господа, бидејќи веруваат дека Бог ќе им помогне во тешките моменти во животот и дека на крајот ќе бидат поведени кон Кралството Небесно, каде што ќе уживаат во вечната радост.

Плодот на радоста

Радоста претставува „интензивна и особено екстатична или заносна среќа." Духовната радост, сепак, не значи само да се биде екстремно среќен. Дури и неверниците се радуваат кога нештата се добри, но тоа сепак е само привремено нешто. Нивната радост веднаш исчезнува кога нештата ќе станат лоши. Но ако во нашите срца го носиме плодот на радоста, тогаш ќе бидеме во можност да се радуваме во било која ситуација.

1 Солунјани 5:16-18 кажува, „*Радувајте се секогаш; молете се без престан; за сè оддавајте благодарност; бидејќи тоа е Божјата волја за вас кои што сте во Исуса Христа.*" Духовната радост значи секогаш да се радуваме и да

ја оддаваме благодарноста во сите ситуации во животот. Радоста претставува една од најочигледните и најјасни категории преку којашто можеме да измериме и да провериме каков Христијански живот водиме.

Некои верници, цело време чекорат по патот на Господа со радост и среќа, додека други пак ги немаат вистинската радост и благодарност коишто произлегуваат од нивните срца, иако можеби сесрдно се обидуваат во својот пат во верата. Таквите верници присуствуваат на богослужбите, се молат и си ги исполнуваат своите црковни должности, но го прават сето тоа како една рутина, без да бидат понесени од тоа. Тие, ако се соочат со некој проблем, го губат и онака малиот мир којшто го имаат и нивните срца се потресуваат од нервозата.

Ако постои некој проблем којшто никако не можете да го решите со вашата сопствена сила, тогаш тоа претставува одлична прилика да провериме дали навистина од длабочината на срцето се радуваме на животот. Во таквите ситуации зошто не погледнете во огледалото? Тоа исто така може да претставува една мерка преку којашто можете да проверите до кое ниво сте го изродиле плодот на радоста. Всушност, само милоста на Исуса Христа кој што не спасил преку Својата крв, е повеќе од доволен услов за нашата постојана радост. Ние бевме предодредени да паднеме во вечниот Пеколен оган, но преку крвта на Исуса Христа станавме способни да влеземе во Кралството Небесно, коешто е исполнето со среќата и мирот. Самиот овој факт би требало да ни донесе неискажлива среќа.

По Исходот, кога синовите на Израел го поминале Црвеното Море по суво тло и биле спасени од Египетската армија којашто ги прогонувала, колку ли голема морала да биде нивната радост? Жените, исполнети со среќа, танцувале удирајќи по дајрињата и целиот народ го славел Бога (Исход 15:19-20).

Слично на тоа, кога една личност ќе го прифати Господа, тогаш таа чувствува неискажлива радост поради фактот што е спасена и од тој момент ќе може постојано да пее и на своите усни секогаш ги има зборовите за славата на Бога, па дури и по денот поминат низ тешка работа. Дури и да биде прогонувана поради името на Господа или да страда некои неправедни тешкотии, таа ќе може да биде среќна мислејќи на Кралството Небесно коешто ја очекува. Ако ваквата радост постојано и целосно се одржува, тогаш таа личност наскоро ќе може во целост да го понесе плодот на радоста.

Причините поради коишто исчезнува радоста на првата љубов

Во реалноста, сепак, не голем број на луѓе успева да ја задржи радоста на својата прва љубов. Понекогаш откако ќе го прифатат Господа, радоста во нив ќе исчезне, а нивните емоции во врска со благодетта на спасението, веќе нема да им бидат исти како на почетокот. Во минатото, таквите личности биле среќни дури и во моментите кога поминувале низ тешкотии, мислејќи си на Господа, но подоцна почнале да воздивнуваат и да се жалостат соочувајќи се со потешкотиите. Тоа е нешто слично со ситуацијата кога синовите Израелеви бргу ја заборавиле радоста којашто ја чувствувале додека го поминувале Црвеното Море, па почнале да му се жалат на Бога и да му противречат на

Мојсеја при и најмалата тешкотија во животот.

Зошто луѓето се менуваат на овој начин? Тоа е затоа што во своите срца го имаат телесното. Телесното тука има едно духовно значење. Тоа се однесува на природата на карактерот којшто е спротивен на духовното. 'Духовното' е нешто коешто му припаѓа на Богот Создателот, нешто што е прекрасно и непроменливо, додека 'телесното' ги има карактеристиките на нештата коишто се одделени од Бога. Тоа се нештата коишто ќе пропаднат, ќе се расипат и ќе исчезнат. Затоа сите видови на гревови, како што е беззаконието, неправдата и невистината, претставуваат нешто телесно. Оние луѓе кои што ги поседуваат ваквите атрибути на телесното, ќе ја изгубат радоста којашто порано им ги исполнувала срцата. Исто така, поради тоа што во себе ја имаат променливата природа, непријателот ѓаволот и Сатаната секогаш ќе се обидуваат да предизвикаат ситуации коишто ќе им предизвикуваат потешкотии, повикувајќи се на таа менлива природа во нив.

Апостолот Павле бил истепан и затворен поради проповедањето на евангелието. Но по неговото молење и славењето на Бога без во себе да има било какви грижи, се случило чудо и по земјотресот што следел, вратите на затворот се отвориле. Токму поради ваквото чудо, тој потоа евангелизирал голем број на неверници. Тој не ја загубил радоста под никакви тешкотии и ги советувал верниците „Радувајте се секогаш во Господа; и пак ќе речам, радувајте се! Кроткиот ваш дух нека им биде познат на сите луѓе. Господ е блиску. За ништо не грижете се, туку во сѐ преку молитва и молба со благодарност изјавувајте ги пред Бога *вашите барања"* (Филипјаните 4:4-6).

Ако се наоѓате во некоја страшна ситуација како да висите над понорот на некоја карпа, зошто да не понудите молитва благодарница како што нé поучува апостолот Павле? Бог тогаш ќе биде задоволен поради вашето делување во верата и ќе почне да делува за доброто во сé.

Кога се раѓа духовната радост

Давид уште од најрана младост се борел по боиштата за својата земја. Во многу ситуации низ војните, нему му биле доделувани некои заслужни служби. Кога кралот Саул страдал од зли духови, тој му свирел на харфа за да му донесе мир во срцето. Тој никогаш не прекршил никаква заповед којашто му била дадена од страна на кралот. Сепак, кралот Саул не бил благодарен поради ваквата Давидова служба, туку всушност го мразел Давида, воден од својата љубомора према него. Бидејќи Давид бил многу сакан од страна на луѓето, Саул бил исплашен дека тој може да му го превземе престолот, па затоа почнал да го прогонува, со намера да го убие.

Во таквата ситуација, очигледно е дека Давид бил приморан на бегство. Во една ситуација, за да си го спаси животот додека бил во една страна земја, тој морал да се преправа дека е луд, дозволувајќи да му течат лиги од устата. Како би се чувствувале вие да се наоѓате на негово место? Но Давид никогаш не бил тажен, туку секогаш покажувал само радост. Тој ја исповедал својата вера во Бога преку еден прекрасен псалм.

„ГОСПОД е мојот пастир, јас нема да посакам.
Тој прави да легнам на зелените пасишта;
Тој ме води до мирните води.
Тој ми ја возобновува душата;
Тој ме води по патеките на праведноста
Заради Неговото име.
Иако чекорам низ
долината на сенката на смртта,
не се плашам од злото, бидејќи Ти си со мене;
Твојот жезол и Твоите слуги ме утешуваат.
За мене припремаш маса
во присуство на непријателите мои;
главата моја ми ја помаза со миро;
Мојата чаша се прелива.
Сигурно добрина и љубезност ќе ме следат
во текот на целиот мој живот,
и јас ќе пребивам во куќата на ГОСПОДА засекогаш"
(Псалм 23:1-6).

Реалноста му била слична на патот полн со трње, но Давид имал нешто навистина големо во себе. Тоа била горечката љубов кон Бога и непроменливата вера во Него. Ништо не можело да му ја одземе радоста којашто му истекувала од длабочината на неговото срце. Давид секако бил личност којашто успеала во себе да го изроди плодот на радоста.

Еве веќе четириесет и една година откако го имам прифатено Господа за мој спасител, јас никогаш ја немам загубено радоста на мојата прва љубов за Него. Јас сеуште секојдневно го живеам мојот живот со огромна благодарност. Во текот на седум години јас страдав од голем број на најразлични болести, но Божјата сила ги излечи сите во еден миг. Јас веднаш станав Христијанин и почнав да работам на градилиштето. Ми се пружи прилика да најдам подобра работа, но јас сепак избрав да останам и да ја работам таа тешка работа, бидејќи тоа беше единствениот начин да можам да му се посветам во целост и да го запазам и да ја зачувам светоста на Господовиот Ден.

Секое утро станував во четири часот и присуствував на утринските молитвени служби. Потоа почнав да работам на пакувањето ручеци. Требаше да патувам околу час и половина со автобус, за да стигнам до моето работно место. Морав да работам од утро до мрак без доволно одмор. Тоа беше навистина напорна работа. Пред тоа јас никогаш немав работено некоја физичка работа, а згора на тоа бев и болен во текот на многу години, па затоа сето тоа претставуваше голема тешкотија за мене.

Обично се враќав околу десет часот вечерта. Набрзина ќе се измиев, ќе вечерав и ќе почнев да ја читам Библијата и да се молам сѐ до полноќ, кога одев на спиење. Мојата жена исто така нудеше производи одејќи од врата до врата, но сепак не успевавме да ја исплатиме ниту каматата на долгот што го имавме натрупано во време на периодот кога бев болен. Ние во буквална смисла едвај успевавме да сврземе крај со крај. Иако живеев во една таква тешка финансиска ситуација, моето срце секогаш беше исполнето со радост и секогаш кога ќе ми се пружеше прилика го проповедав евангелието.

Обично кажував, „Бог е жив! Погледнете ме! Јас ја

очекував смртта, но потоа бев во целост излекуван преку Божјата сила и станав вака здрав!"

Реалноста беше навистина тешка и финансиски непостојана за мене, но јас секогаш му ја оддавав благодарноста на Бога, за Неговата љубов кон мене и заради спасот од смртта. Моето срце беше исполнето со надежта за Небесата. Од моментот кога го примив повикот од страна на Бога да станам пастор па сè до сега, јас претрпев многу неправди со коишто тешко било кој би се справил, но сепак мојата радост и благодарност никогаш не го изгуби својот жар.

Како беше можно сето тоа? Тоа се должи на фактот што благодарноста на срцето раѓа уште повеќе благодарност. Во секој момент се трудев да му ги понудам молитвите на благодарноста на Бога. Јас уживав да му ја оддавам благодарноста на Бога, не само преку молитвите благодарници, туку и преку понудите благодарници за Него. Додека ги нудев овие понуди благодарници во текот на секојдневните богослужби, јас вредно и ревносно давав понуди кон Бога и за некои други нешта. Му ја оддавав благодарноста на Бога заради растот во верата на другите црковни членови; му ја оддавав благодарноста на Бога што ми дозволи да направам огромни прекуморски походи; му ја оддавав благодарноста поради растот на црквата итн. Јас навистина уживам во барањето на добрата коишто ни се дадени од Бога, а за коишто треба да му ја оддадеме нашата благодарност.

Па така Бог ме благослови со непрекидни благослови и благодет, за да можам постојано да му ја оддавам својата благодарност. Ако му ја оддавав благодарноста само за добрите нешта во животот, а не му ја оддавав и се жалев за лошите нешта, тогаш најверојатно немаше да ја имам среќата во којашто сега уживам.

Ако сакате да го носите плодот на радоста

Како прво, треба да го отфрлите телесното.

Ако во нас не постои зависта или љубомората, тогаш ние би се радувале да видиме како другите се благословени или пофалени, со истата онаа радост како тоа на нас самите да ни се случува. Спротивно на ова, сé до она ниво до коешто во себе ја имаме зависта и љубомората, до тоа ниво и ќе чувствуваме тешкотии додека ги гледаме другите луѓе коишто примаат благослов и богатство. Би можеле да почувствуваме некои непријатни чувства кон другите луѓе или да се обесхрабриме поради тоа што ќе почувствуваме инфериорност во онаа мерка, до којашто другите луѓе се воздигнати.

Слично на тоа, ако во себе ја немаме лутина или незадоволство, тогаш во нас ќе биде присутен само мирот, па дури и ако некој ни се обраќа грубо или ни предизвикува некаква штета. Треба да сватиме дека стануваме огорчени и разочарани, само поради телесното коешто се наоѓа во нас. Тоа телесно претставува еден товар којшто ни причинува да се почувствуваме обременети и потиштени во нашите срца. Ако ја поседуваме природата секогаш да ја бараме само нашата корист, тогаш сигурно ќе почувствуваме голема болка и тага ако претрпиме поголема штета од другите луѓе.

Бидејќи телесните атрибути се присутни во нас,

непријателот ѓаволот и Сатаната се повикуваат на овие телесни природи за да можат да создадат ситуации во коишто не можеме да се радуваме. Сè до она ниво до коешто го имаме телесното во нас, до тоа ниво нема да можеме да ја поседуваме духовната вера, а сето тоа ќе води кон зголемување на грижите и проблемите во нас, правејќи не неспособни и понатаму да се потпираме само на Бога. Спротивно на тоа, оние луѓе кои што се потпираат на Бога можат да се радуваат дури и тогаш кога немаат ниту доволно храна за тој ден. Сето тоа се должи на фактот што Бог ни има ветено дека Тој ќе нè снабди со сето што ни е потребно, ако барањето на Неговото Кралство и праведност ги ставиме на прво место (Матеј 6:31-33).

Оние кои што ја поседуваат вистинската љубов, ја ставаат во Божји раце секоја работа, понудувајќи му на Бога молитви благодарници во било какви тешки ситуации во животот. Тие со смирено срце ги бараат Божјото Кралство и праведност, а потоа го бараат она што им е потребно. За разлика од нив, оние луѓе кои што се потпираат само на своите сопствени мисли и планови, не можат а да не станат вознемирени. Оние луѓе коишто водат некои бизниси можат да бидат поведени кон попросперитетните патеки и да ги примат благословите, само ако во себе јасно го слушнат гласот на Светиот Дух и ако го следат. Но сè додека во себе ја имаат алчноста, нетрпението и мислите на невистината, нема да можат да го чујат гласот на Светиот Дух и ќе продолжат да се соочуваат со тешкотиите. Да сумираме значи, фундаменталната причина поради којашто ја губиме радоста, претставуваат телесните атрибути коишто ги имаме во нашите срца. Колку повеќе успееме да го отфрлиме телесното од нашите срца, толку повеќе духовна радост и среќа ќе можеме да почувствуваме.

Како второ, мораме во сите нешта да ги следиме желбите на Светиот Дух.

Радоста којашто ја бараме не е световната радост, туку радоста којашто доаѓа одозгора, имено радоста на Светиот Дух. Ние ќе можеме да бидеме радосни и среќни само тогаш кога Светиот Дух кој што пребива во нас, ќе се радува и ќе се весели. Вистинската радост, пред сé друго, доаѓа само тогаш кога го обожуваме Бога со сето срце, кога му се молиме и го величаме Него, запазувајќи го Неговото Слово.

Воедно, ако успееме да ги воочиме нашите слабости преку инспирацијата којашто ќе ја добиеме од Светиот Дух и ако ги исправиме, колку среќа тоа ќе ни донесе! Ние луѓето сме многу посклони кон тоа да бидеме среќни и благодарни кога ќе го пронајдеме новото 'себе', коешто се разликува од она што сме го имале претходно. Радоста којашто ни се дава од страна на Бога не може да се спореди со радоста којашто потекнува од овој свет, и никој не може да ни ја одземе.

Сходно на изборот на нештата коишто ги правиме во нашите секојдневни животи, можеме да ги следиме желбите или на Светиот Дух, или на телесното. Ако само за момент ги следиме желбите на Светиот Дух, тогаш Тој се весели во нас и не исполнува со радост. 3 Јован 1:4 гласи, *„За мене нема поголема радост од тоа, да чујам дека моите чеда чекорат во вистината."* Како што е кажано, Бог се весели и ни дава радост во исполнетоста со Светиот Дух, кога ќе ја практикуваме вистината.

На пример, ако желбата да ја бараме сопствената корист и

желбата да ја бараме корист за другите се судруваат една со друга, а тој конфликт продолжи и понатаму да се случува, тогаш ние ќе ја изгубиме радоста. Затоа ако на крајот почнеме да ја бараме само сопствената корист, можеби ќе изгледа дека сме го добиле она што сме го барале, но во себе нема да ја добиеме духовната радост. Тогаш ќе ги имаме маките на совеста или измачувањата во срцето. Од друга страна пак, ако ја бараме користа за другите луѓе, можеби од почетокот ќе изгледа дека страдаме поради загубата, но затоа ќе можеме да ја добиеме духовната радост одозгора, бидејќи заедно со нас ќе се весели и Светиот Дух. Единствено оние луѓе кои што ја имаат почуствувано ваквата радост, ќе можат да разберат колку навистина е голема и добра таа. Таквата радост и среќа се нешта што никој на светот не може да ги свати и разбере.

Постои една приказна за два брата. Постариот брат не ги собирал чиниите после јадењето. Така помладиот морал постојано да ја раскрева масата после оброците, поради што се чувствувал непријатно. Еден ден, откако постариот брат завршил со јадењето и тргнал да си оди, помладиот му кажал, „Треба да си ги измиеш твоите чинии." „Ти можеш да ги измиеш," без колебање му одвратил постариот брат и си отишол во својата соба. На помладиот брат не му се допаднала ситуацијата, но постариот брат веќе бил заминат. Помладиот брат знае дека неговиот постар брат ја нема изградено навиката да си ги мие своите чинии, па така помладиот брат може радосно да му служи на постариот. Можеби ќе си помислите дека помладиот секогаш ќе ги мие чиниите, а постариот нема ниту да помисли за овој проблем.

Но ако делуваме во добрината, Бог е Тој кој што ќе ги направи измените. Бог ќе го измени срцето на постариот брат терајќи го да помисли, 'Навистина ми е жал што го терав брат ми постојано да ги мие чиниите. Одсега натаму ќе ги мијам и неговите и моите чинии исто така.'

Како што е илустративно претставено погоре во текстот, ако ги следиме желбите на телесното заради моменталниот бенефит, тогаш постојано ќе чувствуваме непријатност и ќе влегуваме во караници. Од друга страна пак, ако ги следиме желбите на Светиот Дух, тогаш постојано ќе ја чувствуваме радоста служејќи им на другите луѓе.

Истиот принцип се применува во сите други нешта. Можеби ќе им судите на другите луѓе водејќи се по некои сопствени стандарди, но ако се измените во срцето и ги разберете другите луѓе преку добрината, тогаш во срцата ќе ви биде само мирот. Што да се прави во случај другиот да е со навистина различен карактер од вашиот или ако неговите мислења се многу поразлични од вашите? Дали треба да се обидувате да ја избегнувате таквата личност или треба топло, со насмевка да ја поздравите? Гледано од гледиштето на неверниците, можеби е многу полесно да се избегнува и игнорира таквата личност, отколку да се обидуваме да бидеме фини кон неа.

Но оние кои што ги следат желбите на Светиот Дух, со насмевка на лицето ќе им го понудат срцето кое што ќе ги услужи. Ако секојдневно умираме со намера да им дадеме утешение на другите луѓе (1 Коринтјаните 15:31), ги искусуваме вистинскиот мир и радост, коишто доаѓаат одозгора. Понатаму, ние ќе бидеме во состојба постојано да уживаме во мирот и радоста, ако во себе го немаме чувството дека некоја личност не ни се допаѓа или ако нејзините ставови не соодветствуваат со нашите.

Да претпоставиме дека лидерот на црквата ве повика да појдете со него во посета на некој член на црквата кој што ја пропуштил Неделната богослужба, или да ве замолат да му го проповедате евангелието на некоја одредена личност, за време на денот за одмор, којшто ретко го добивате. Од една страна си помислувате дека би било добро да се одморите, а од друга страна пак, умот ве советува да ја извршите Божјата работа. Сето се базира на вашата слободна волја, но продолженото време за спиење не мора да значи дека ќе ви донесе радост.

Вие ќе можете да ја почувствувате исполнетоста со Светиот Дух и радоста ако своето време и имот ги посветите на извршувањето на свештенствувањето за Бога. Повторното следење на желбите на Светиот Дух ќе ви донесе не само зголемена духовна радост, туку исто така вашето срце сé повеќе ќе се изменува во срцето на вистината. До истото ниво до коешто ќе стигнете, вие ќе го понесете зрелиот плод на радоста, а вашето лице ќе зрачи со духовна светлина.

Како трето, мораме вредно да го посееме семето на радоста и на благодарноста.

За да може земјоделецот да го пожнее плодот на жетвата, мора да го посее семето и да се грижи за него. На истиот начин, за да можеме да го носиме плодот на радоста, мораме вредно да ги разгледаме условите за оддавање благодарност и да му ја понудиме жртвата на благодарноста на Бога. Ако сме Божји чеда кои што ја имаат верата, постојат многу нешта за коишто би можеле да се веселиме!

Како прво, тука е радоста заради спасението којашто не може со ништо да се измени. Исто така, добриот Бог кој што е нашиот Отец ги дава нештата коишто Неговите чеда, кои што живеат во вистината, ќе му ги побараат. Па гледате ли колку сме среќни? Ако само ја запазиме светоста на Господовиот Ден и ако ги даваме соодветните десетоци на црквата, тогаш ние нема да се соочиме со некоја катастрофа или несреќа во текот на целата година. Ако не извршуваме гревови и ако ги запазиме Божјите заповеди, работејќи верно за Неговото Кралство, тогаш ние постојано ќе примаме благослови од Него.

Па дури и да се соочиме со некои тешкотии, решението за сите видови проблеми ќе се најде во шеесет и шесте книги од Библијата. Ако потешкотиите се предизвикани од некои наши погрешни дела, тогаш ќе се покаеме и ќе се одвратиме себеси од таквите патеки, така Бог ќе може да има милост за нас и да ни ги испрати пораките како да ги решиме проблемите. Кога ќе погледнеме на себеси, ако нашите срца не нé осудуваат, тогаш ќе можеме само да се радуваме и да оддаваме благодарност. Тогаш, Бог ќе делува на тој начин сето да биде добро за нас и да не благослови со што повеќе благодет.

Треба да запаметиме дека не смееме да ја земеме здраво за готово благодетта што Бог ни ја дава. Поради тоа мораме постојано да се веселиме поради неа и да му ја оддаваме благодарноста на Бога за неа. Кога ќе ги погледнеме условите за давањето благодарност и за веселба, Бог обично ни дава повеќе услови за изразување на благодарноста. За возврат, нашата благодарност и радост постојано ќе се зголемуваат, за на крајот да успееме во целост да го понесеме плодот на радоста.

Жалењето дури и по носењето на плодот на радоста

Дури и по носењето на плодот на радоста во нашите срца, понекогаш можеби ќе станеме исполнети со жалост. Тоа всушност е духовната жалост, којашто се прави во вистината.

Како прво постои жалењето на покајанието. Ако постојат некои тестови и испитувања коишто се предизвикани од страна на нашите гревови, тогаш ние не можеме едноставно само да се веселиме оддавајќи благодарност, за да ги решиме тие проблеми. Ако една личност се радува по извршувањето на грев, таквата радост е световна радост којашто нема никаков допир со Бога. Во таков случај мораме низ солзи да се покаеме и да се одвратиме од грешните патеки. Мораме целосно да се покаеме, помислувајќи си, 'Како можев да извршам таков грев, а верувам во Бога? Како можев да ја заборавам милоста којашто ни е дадена од страна на нашиот Господ?' Тогаш Бог ќе го прифати таквото покајание и како доказ дека бариерата од гревови е искршена, Тој ќе нѐ дарува со радост. Тогаш ќе се почувствуваме толку лесни и воодушевени, како да сме полетале кон небото и врз нас ќе падне новиот вид на радост и благодет одозгора.

Но жалењето низ покајание секако дека се разликува од солзите на тагата коишто се пролеваат поради болката предизвикана од тешкотии или некои несреќи. Дури и да се молиме пролевајќи многу солзи и со нос кој ни тече, сето тоа ќе претставува само телесно жалење, ако го правиме тоа само заради незадоволството од некои ситуации. Исто така, ако се обидете да избегате од проблемот плашејќи се од казната и не се одвратите во целост од вашите гревови, тогаш нема да можете да се здобиете со вистинската радост. Нема да чувствувате дека сте добиле прошка. Ако вашето жалење е вистинското жалење на покајанието, тогаш морате да ја отфрлите волјата да ги извршувате гревовите и да го понесете соодветниот плод на покајанието. Само тогаш ќе можете повторно да ја добиете духовната радост одозгора.

Како следно постои жалење коешто ни се јавува кога некој хули на Бога или кога гледаме како некои души тргнале по патот на смртта. Тоа е вид на жалење на тој што е правилен во вистината. Ако го имате таквото жалење, вие искрено ќе се молите за Кралството Божјо. Вие ќе ја барате светоста и силата преку којашто ќе можат голем број на души да бидат спасени и да се прошири Кралството Божјо. Затоа, таквиот вид на жалење е угоден и прифатлив во очите на Бога. Ако го поседувате таквато духовно жалење, тогаш радоста којашто е длабоко во вашите срца никогаш нема да исчезне. Никогаш нема да ја изгубите силата, да паднете во мрачно расположение или да се обесхрабрите, туку секогаш ќе ја поседувате благодарноста и среќата.

Пред неколку години, Бог ми ја покажа Небесната куќа наменета за една личност која што се молела за Кралството Божјо и за црквата, со голема доза на жалење во своите молитви. Нејзината куќа беше декорирана со злато и скапоцени камења, а специјално со многу големи, сјајни бисери. Исто како што бисерната школка го создава бисерот преку употреба на сета своја енергија и сокови, исто така таа жалеше во текот на молитвата наликувајќи на Господа, молејќи се за Кралството Божјо и за душите. Бог ѝ се оддолжува за нејзините молитви заситени со солзи. Затоа би требало постојано да се радуваме верувајќи во Бога и да можеме да жалиме за Кралството Божјо и за душите на луѓето.

Бидете позитивни и следете ја добрината во сите нешта

Кога Бог го создал првиот човек, Адам, Тој му ја дал и радоста којашто ја сместил во неговото срце. Но радоста којашто Адам ја поседувал тогаш многу се разликува од радоста којашто ја стекнуваме по поминувањето низ процесот на човечката култивација, тука на земјата.

Адам бил живо битие, или подобро кажано жив дух, што значи дека тој воопшто не поседувал никакви телесни атрибути, па затоа не можел ниту да има некој елемент којшто би бил спротивен на радоста. Имено, тој немал никаков концепт на релативност преку којшто би можел да ја свати вредноста на радоста. Само оние луѓе кои што имаат преживеано некои катастрофи во животот, можат да сватат колку е скапоцено здравјето. Само оние кои што страдале во сиромаштија, можат да ја сватат вистинската вредност на богатството.

Адам никогаш немал искусено никаква болка, па затоа и не бил во состојба да свати колку среќен живот живеел во Градината Едемска. Иако уживал во вечниот живот и во изобилството коешто му било дадено во Градината Едемска, тој не бил во состојба вистински да се весели поради тоа, од длабочината на своето срце. Но откако вкусил од плодот на дрвото за познавањето на доброто и на злото, во неговото срце се вселило телесното и тој ја изгубил радоста којашто му била дадена од страна на Бога. Како што ги искусувал болките и страдањата на овој свет, така неговото срце се полнело со тага, самотија, незадоволство, непријатни чувства и грижи.

Ние ги имаме искусено сите видови на болка тука на земјата, но затоа треба повторно да ја пронајдеме духовната радост којашто Адам ја имал изгубено. За да можеме да го направиме ова, мораме да го отфрлиме телесното, постојано да ги следиме желбите на Светиот Дух и да го посееме семето на радоста и на благодарноста во сите нешта. Ако тука ги додадеме и позитивното расположение и следењето на добрината, тогаш ќе можеме во целост да го понесеме плодот на радоста во нас.

Ние сме ја добиле ваквата радост откако веќе сме ги искусиле релативните односи со многу нешта тука на земјата, за разлика од Адама, кој што живеел во Градината Едемска. Затоа радоста истекува од длабочината на нашите срца и никогаш не се менува. Вистинската радост којашто ќе ја уживаме на Небесата, веќе се има искултивирано во нас, тука на земјата. Како ќе можеме да ја изразиме ваквата радост кога ќе ги завршиме нашите земни животи и ќе отидеме во Кралството Небесно?

Лука 17:21 кажува, *"...ниту ќе кажат, 'Еве, овде е!' или, 'Ене, онде е!' Зошто Кралството Божјо е во нас внатре."* Се надевам дека вие бргу ќе успеете да го понесете плодот на радоста во вашите срца, за да можете уште тука на земјата да ги вкусите Небесата и да го водите животот којшто ќе биде секогаш исполнет со среќа.

Евреите 12:14

„Грижете се да имате мир со сите и светост, без којашто никој нема да го види Господа."

Против Таквите Нешта Не Постои Закон

Глава 4

Мир

Плодот на мирот
За да можеме да го понесеме плодот на мирот
Добрите зборови се многу важни
Размислувајте мудро од гледна точка на другите луѓе
Вистинскиот мир во срцето
Благословите за миротворците

Мир

Честичките сол не се видливи, но кога ќе се кристализираат, стануваат убави кубични кристали. Една мала количина на сол којашто ќе се раствори во водата, ја менува целата нејзина структура. Зачините се апсолутно неопходни во готвењето. Микро честичките на солта, дури и во најмала количина се од есенцијална важност за одржувањето на животните функции кај човекот.

Исто како што солта се раствора и ѝ дава вкус на храната, спречувајќи ја и од расипување, исто така Бог сака да се жртвуваме себеси, за да можеме да ги издигнеме и исчистиме душите на другите луѓе, и да го понесеме прекрасниот плод на мирот во себе. Ајде сега да го разгледаме плодот на мирот, којшто е еден од плодовите на Светиот Дух.

Плодот на мирот

Луѓето кои што веруваат во Бога, сепак нема да успеат да го одржат мирот со другите личности, сѐ додека во себе го имаат своето его, или своето 'себе'. Луѓето ја имаат таа навика ако помислат дека нивните идеи се во право, тие тогаш имаат тенденција да ги игнорираат мислењата на другите луѓе и да се однесуваат непристојно. На пример, ако биде донесен некој договор преку мнозинство гласови од групата, тие сепак продолжуваат со поплаките поради таквата одлука. Таквите луѓе, исто така повеќе обрнуваат внимание на маните кај другите, отколку на нивните доблести. Може да се случи да зборуваат непријатни нешта за другите и да шират некои озборувања, со што постигнуваат луѓето да се отуѓуваат помеѓу себе.

Кога сме во друштво со такви луѓе, се чувствуваме како да седиме на трње и го немаме мирот во срцето. Каде што постојат вакви луѓе кои што го кршат мирот, секогаш постојат некои проблеми, несреќи и испитувања. Ако се прекрши мирот во една земја, семејство, работно место, црква или некоја група, преминот преку којшто се добиваат благослови ќе биде блокиран и ќе се појават многу тешкотии.

Во една претстава, улогата на херојот или на хероината секако дека е многу важна, но исто така се важни и улогите на другите луѓе кои што ја работат поддршката. Истото важи и за сите други организации. Иако на прв поглед улогата на некоја личност можеби изгледа тривијално, евидентно е дека кога таа личност си ја одработува својата задача на добар начин, тогаш неа може да ѝ се верува и да ѝ се доверат уште поважни задачи во иднина. Исто така, важно е луѓето да не станат арогантни поведени од фактот што им биле доделени некои важни улоги. Ако на сите луѓе им помагаме заедно со нас да растат, тогаш сите нешта можат да се завршат на еден мирен начин.

Римјаните 12:18 кажува, *"Ако е можно, доколку тоа зависи од вас, бидете во мир со сите луѓе."* И Евреите 12:14 ни кажува, *"Грижете се да имате мир со сите и светост, без којашто никој нема да го види Господа."*

Тука зборот 'мир' значи да бидеме способни да ги признаеме мислењата на другите луѓе, па дури иако вашето мислење е исправно. Тоа значи да им дадеме утеха на другите луѓе. Тоа го претставува великодушното срце со коешто можеме да прифатиме сé што е во рамките на вистината. Тоа значи да ја бараме корист за другите и да не фаворизираме никого. Ние треба да се обидуваме да не влегуваме во конфликт со другите, така што ќе се воздржиме од изразувањето на спротивни мислења и нема да ги забележуваме маните кај другите луѓе.

Божјите чеда не само што мораат да го одржуваат мирот помеѓу мажот и жената, помеѓу родителите и децата, браќата и ближните, туку исто така и помеѓу сите други луѓе. Тие мораат да имаат мир не само со оние кои што ги сакаат, туку и со оние кои што ги мразат и им создаваат потешкотии во животот. Од посебна важност е да се одржи мирот во црквата. Бог не може да делува ако мирот во црквата е прекинат. Во таквиот случај само му се дава шанса на Сатаната да дојде и да не обвинува. Исто така, дури и да имаме постигнато големи достигнувања и цели во нашето свештенствување за Бога, не може да ја примиме пофалбата од Него ако мирот е прекршен.

Бо Битие 26, Исак успеал да го одржи мирот со сите луѓе, дури и во ситуациите кога тие го предизвикувале. Тоа се случило кога Исак се обидувал да избега од гладта којашто владеела во неговото место и отишол кај Филистејците. Таму тој примил благослов од Бога, па неговите стада овци и говеда се зголемиле и му бил даден голем имот. Филистејците почнале да му завидуваат и му ги исполниле бунарите со земја.

Во таа област немало многу дожд во текот на годината, а посебно во текот на летото. Бунарите претставувале живот. Но Исак не се карал, ниту тепал со нив. Тој едноставно го оставал затрпаниот бунар и ископувал нов. Кога и да нашол бунар со добра вода, Филистејците доаѓале и инсистирале на тоа дека тоа бил нивен бунар. Исак, без протести им ги предавал бунарите и се селел на друго место каде што ископувал нов.

Ваквиот циклус многу пати се повторил, но Исак единствено ги третирал тие луѓе со добрина, а Бог го благословувал со бунар, каде и да отишол. Гледајќи го ова, Филистејците сватиле дека Бог е со него, па одлучиле да не му додеваат повеќе. Ако Исак се карал и тепал со нив поради нефер третманот кон него, тој сигурно ќе станел нивни непријател и ќе морал да ја напушти земјата. Дури и да се застапувал себеси на еден фер и праведен начин, тоа сепак не би можело да функционира, бидејќи Филистејците биле со зли намери и барале кавга со него. Поради таа причина Исак ги третирал со добрина и во своето срце го понел плодот на мирот.

Ако го носиме плодот на мирот на еден ваков начин, како што тоа го направил Исак, тогаш Бог ќе ги контролира сите ситуации, да се движат на тој начин којшто ќе ни донесе просперитет во сите нешта. Ајде да погледнеме на кој начин би можеле да го понесеме овој плод на мирот?

За да можеме да го понесеме плодот на мирот

Како прво, мораме да бидеме во мир со Бога.
Најважната работа во одржувањето на мирот со Бога е да немаме никакви ѕидови на гревот помеѓу нас и Него. Адам морал да се скрие себеси од Бога поради тоа што го прекршил

Божјото Слово и што пробал од забранетото овошје (Битие 3:8). Во минатото тој чувствувал многу голема блискост со Бога, но потоа Божјото присуство му ги носело чувствата на страв и одделеност. Сето тоа се должело на фактот што мирот којшто го имал со Бога бил прекршен поради неговиот грев.

Истото важи и за нас. Ако делуваме во вистината, тогаш ќе можеме да бидеме во мир со Бога и да ја имаме довербата кога ќе застанеме пред Бога. Се разбира дека за да се исполни ваквиот совршен мир, мораме да ги отфрлиме сите гревови и злото од нашите срца и да постанеме осветени. Но иако сеуште не сме во целост совршени, сé додека вредно ја практикуваме вистината во рамките на нашата мерка на верата, ќе можеме да го имаме мирот со Бога. Не е возможно уште од самиот почеток да го достигнеме совршениот мир со Бога, но затоа можеме да го имаме мирот со Бога во нашите обиди да го следиме тој мир со Него, во рамките на нашата мерка на верата.

Дури и кога се обидуваме да го создадеме мирот со луѓето околу нас, мораме прво да го бараме тој мир со Бога. Иако мораме да се обидуваме да го имаме мирот во нашите односи со родителите, децата, сопружниците, пријателите и соработниците, никогаш не смееме да направиме нешто што би било против вистината. Имено, не смееме да го прекршиме мирот со Бога, за да го следиме мирот со луѓето.

На пример, што ако се поклониме пред идоли или ја прекршиме светоста на Господовиот Ден, за да се здобиеме со мир со некои членови на семејството кои што се неверници? Во почетокот може и да изгледа дека сме се здобиле со некаков мир, но она што навистина сме го направиле е всушност фактот дека сериозно сме го прекршиле мирот со Бога, создавајќи си ѕид на гревот помеѓу нас и Него. Не смееме да извршуваме гревови само за да добиеме мир со луѓето. Прекршувањето на светоста на Господовиот Ден заради присуствување на свадби на некои членови од семејството или на пријатели, исто така значи да се прекрши мирот со Бога, па затоа нема да можеме да имаме мир ниту со тие луѓе исто така.

За да можеме да го имаме вистинскиот мир со луѓето, прво мораме да му угодиме на Бога. Тогаш Бог ќе ги истера непријателот ѓаволот и Сатаната и ќе им ги измени умовите на злите личности, за да можеме да го имаме мирот со секого. Изреки 16:7 наведува, *„Кога човечките патеки му се угодни на ГОСПОДА, Тој тогаш прави дури и неговите непријатели да имаат мир со него."*

Се разбира дека другата личност може постојано да го прекршува мирот, иако ние се обидуваме од сè срце да останеме во рамките на вистината. Во таквиот случај, ако изреагираме во рамките на вистината сè до самиот крај, тогаш Бог ќе почне да делува за наше добро и сè ќе излезе добро. Таков бил случајот со Давид и кралот Саул. Понесен од својата љубомора кралот Саул се обидел да го убие Давида, но Давид пак од негова страна се однесувал кон него со добрина сè до самиот крај. Давид имал безброј шанси да го убие кралот, но тој избрал да го бара мирот со Бога следејќи ја само добрината. На крајот Бог му дозволил на Давида да седне на престолот, за да му се оддолжи за неговите добри дела.

Како второ, мораме да имаме мир со самите себеси.
За да можеме да го постигнеме мирот со самите себеси, ние мораме да ги отфрлиме сите форми на зло и да постанеме осветени. Сé додека во нашите срца го имаме злото, нашето зло ќе стане вознемирено во зависност со различните ситуации и тоа може да доведе до прекршување на мирот. Можеме да помислиме дека го имаме мирот ако нештата ни одат добро и на оној начин на којшто мислиме дека треба да одат, но мирот ќе биде прекршен кога нештата нема да бидат добри и тоа може да предизвика немир во нашите срца и да влијае на појавата на зло. Кога омразата или лутината ќе почне да ни зоврива во нашите срца, колку ли непријатно ќе почнеме да се чувствуваме! Но мирот во срцата ќе можеме да го имаме, без разлика на околностите, ако постојано ја избираме само вистината.

Некои луѓе сепак не успеваат да го најдат мирот во своите срца, иако сесрдно се обидуваат да ја практикуваат вистината и да го имаат мирот со Бога. Сето тоа се должи на фактот што во себе ја имаат самоправедноста и рамките на својата персоналност.

На пример, некои луѓе го немаат мирот во умот поради тоа што се премногу обврзани со Словото Божјо. Исто како и Јов пред да помине низ испитувањата, тие ревносно се молат и се обидуваат да ги живеат животот во согласност со Словото Божјо, но не ги прават тие нешта поради нивната љубов кон Бога. Живеењето според Словото Божјо кај нив е само поради стравот од казната и одмаздата од страна на Бога. Така што ако се случи некогаш да ја прекршат вистината, тие веднаш стануваат нервозни плашејќи се дека ќе мораат да се соочат со непријатни последици.

Во таквиот случај, колку напрегнати ќе им бидат срцата иако ревносно ја практикуваат вистината! Па така, духвниот раст ќе им запре или тие личности ќе ја изгубат радоста којашто ја имале во срцата. Значи дека таквите личности самите страдаат поради својата самоправедност и своите мисловни рамки. Во таквиот случај, она што би требало да го направат е да престанат да бидат опседнати со запазувањето на законот и повеќе да се концентрираат кон културирањето на љубовта кон Бога. Една личност може да го има вистинскиот мир во себе само тогаш кога ќе го сака Бога со сето свое срце и ќе ја свати Божјата љубов во целост.

Да погледнеме на еден друг пример. Некои луѓе го немаат мирот во нив поради нивните негативни мисли. Тие се обидуваат да ја практикуваат вистината, но ако не успеат да ги постигнат резултатите коишто ги очекуваат, почнуваат да си префрлаат и да си причинуваат болка. Таквите личности чувствуваат жалење пред Бога и се обесхрабруваат поради тоа што си помислуваат дека имаат доста недостатоци. Тие го губат мирот помислувајќи си нешто како, 'Што ако луѓето околу мене се разочарани во врска со мене? Што ако ме напуштат?'

Таквите луѓе мораат да станат духовни чеда. Размислувањето на оние чеда кои што веруваат во љубовта на своите родители е навистина едноставна. Дури и да направат некои грешки, тие не ги кријат од своите родители, туку ги положуваат главите на градите на своите родители, кажувајќи им дека ќе се обидат да се подобрат. Ако се извинат и кажат дека ќе се обидат да се поправат, покажувајќи едно доверливо лице, тоа најверојатно ќе изнуди насмевка кај нивните родители иако тие биле со намера да ги прекорат.

Се разбира дека тоа не значи дека треба само да го кажувате тоа и понатаму да ја повторувате истата грешка. Ако навистина ја имате желбата да се одвратите од гревовите и следниот пат да бидете подобри, зошто тогаш Бог би го вртел Своето лице од вас? Оние кои што навистина се покајуваат, не се обесхрабруваат поради другите луѓе. Се разбира дека можеби ќе мораат да примат некоја одредена казна за своите недела, во согласност со правдата. Но ако тие се навистина сигурни во љубовта Божја кон нив, тие со радост ќе ја прифатат казната од Бога и нема да се грижат за коментарите од страна на другите луѓе.

Но мора да знаат дека на Бога не му е угодно ако тие и понатаму имаат двоумење во своите срца, помислувајќи си дека нивните гревови не им се простени. Ако тие успеат навистина да се покајат и да се одвратат од патеките на гревот, тогаш на Бога му е угодно да види дека тие веруваат дека им е простено. Па дури и да примаат некои испитувања нанесни поради нивните недела, таквите нешта бргу ќе се изменат во благослови ако ги прифатат со радост и благодарност.

Затоа во нашите срца мора да ја имаме верата дека Бог не сака иако сеуште не сме совршени, и дека Тој ќе не направи совршени ако бидеме упорни во напорите да се измениме себеси. Исто така ако сме унизени за време на некое испитување, мораме да ја задржиме верата во Бога, кој што на крајот ќе не воздигне и усоврши. Не смееме да бидеме нетрпеливи и да ја имаме желбата за препознавање од страна на луѓето. Ако продолжиме со натрупувањето на вистинитото срце и дела, ќе бидеме во можност да го имаме мирот со самите себе, а воедно да имаме и духовна самодоверба.

Како трето, треба да имаме мир со секого.
За да можеме да го постигнеме мирот со секоја личност, ние мораме да бидеме способни да се жртвуваме себеси. Мораме да се жртвуваме за доброто на другите и тоа да биде сé до нивото да можеме за тоа да ги дадеме и нашите животи. Павле кажал, „Јас секојдневно умирам," и како што тој рекол не би требало да инсистираме на некои наши позиции, гледишта или поставки, ако сакаме да го постигнеме мирот со секоја личност.

За да ја постигнеме целта во создавањето мир со секоја личност, не смееме да делуваме непристојно и да се обидуваме да парадираме наоколу, фалејќи се себеси. Она што би требало да го направиме е да се поставиме што поскромно и да ги воздигнуваме другите луѓе. Никако не смееме да бидеме пристрасни, а воедно мораме и да бидеме спремни да ги прифатиме гледиштата коишто се различни од нашите, ако тие се во рамките на вистината. При создавањето на нашите погледи на светот не би требало да размислуваме од нашата мерка на верата, туку од гледиштето на другите луѓе. Па така, иако нашето мислење е исправно и можеби дури и подобро од тоа на другите, сепак мораме да бидеме спремни да го следиме мислењето на другите.

Но тоа никако не значи дека би требале да ги оставиме луѓето да одат по патот на смртта и да продолжат со извршувањето на гревовите. Не смееме ниту да правиме компромиси со нив, или пак да се здружиме со нив во практикувањето на невистината. Она што мораме да го направиме е со љубов да ги посоветуваме и поучиме. Бог нé благословува со големи благослови ако го бараме мирот во рамките на вистината.

Како следно, за да постигнеме успех во барањето мир со секоја душа, не смееме да инсистираме на самоправедност, ниту на нашите мисловни рамки. 'Мисловните рамки' ги означуваат нештата коишто ние сметаме дека се прави, гледано од наша индивидуална перспектива, чувството за коректност и склоностите. 'Самоправедноста' го означува инсистирањето на нашите ставови, верувања и идеи, настојувајќи да им ги наметнеме на другите луѓе. Самоправедноста и мисловните рамки се покажуваат во најразлични форми во нашите животи.

Што ако една личност ги прекрши правилата на една компанија, поведена од идејата да си ги оправда своите активности, поради тоа што смета дека правилата не се добри? Таквата личност обично си помислува дека она што го прави е исправно, иако очигледно неговиот шеф и колегите не мислат така. Значи дека е во согласност со вистината да се следат мислењата на другите, ако тие не се во рамките на невистината.

Секоја личност поседува различна индивидуалност, бидејќи секоја од нив била одгледана во различни средини. Секоја личност има примено различно ниво на едукација и има различни мерки на верата. Тоа значи дека секоја личност има различни стандарди на судење на доброто и лошото, праведното и неправедното. За една личност некои нешта можеби се праведни а за друга неправедни.

Да позборуваме за врската помеѓу мажот и жената. На пример мажот секогаш сака куќата да биде уредна, а жената не го сака тоа. Мажот во почетокот самиот се труди да го одржи редот, чистејќи ја куќата. Но со тек на времето, ако ситуацијата остане иста, тогаш тој станува исфрустриран поради ваквата состојба. Почнува да си мисли дека жена му не била добро воспитана. Се прашува како е можно таа да не сака да направи нешто што е толку просто и едноставно. Потоа почнува да се прашува и да не сваќа како е можно нејзините навики и по толку многу години да не се менуваат, и покрај секојдневните совети од негова страна.

Но жената исто така има нешто да каже од нејзина гледна точка. Нејзиното разочарување доаѓа од постојаните забелешки од страна на мажот, помислувајќи си, 'Јас не сум тука само за да чистам и да ги вршам домашните работи. Ако некогаш не можам да исчистам, тогаш тој може да го стори тоа. Зошто толку многу ми ѕвонца во врска со тоа? Порано изгледаше дека е спремен многу нешта да направи за мене, а сега се жали за некои тривијални нешта. Тој дури зборува и за образованието на моите родители!' Ако секој од нив почне да инсистира на своите ставови, тогаш мирот помеѓу нив не е можен. Мирот е можен само тогаш, кога тие ќе почнат да го уважуваат гледиштето на другата страна и кога ќе почнат да си служат еден на друг, а не да инсистираат на своите лични ставови.

Исус ни кажал дека кога ги нудиме нашите понуди кон Бога, ако во тој момент сме му лути на некој свој ближен, тогаш мораме прво да се помириме со таа личност, а потоа да отидеме и да ги понудиме нашите дарови (Матеј 5:23-24). Нашите понуди можат да бидат прифатени од страна на Бога, само ако сме во мир со своите ближни.

Оние кои што го имаат мирот со Бога и со самите себе, не би го скршиле ниту мирот со ближните. Таквите личности никогаш не би се скарале со никого, бидејќи тие веќе ги имаат отфрлено алчноста, ароганцијата, гордоста и самоправедноста, како и своите мисловни рамки. Дури и другите да се зли и да предизвикуваат проблеми, ваквите луѓе секогаш се спремни да се жртвуваат себеси за постигнувањето на мирот.

Добрите зборови се многу важни

Овие неколку нешта мораме да ги земеме во предвид кога го бараме мирот со луѓето. Заради одржувањето на мирот мораме постојано да упатуваме добри зборови кон луѓето. Книга Соломонови Изреки 16:24 кажува, *„Пријатните зборови се восочен мед, за душата слатки, а за коските лековити."* Добрите зборови им ја даваат силата и куражот на оние кои што се обесхрабрени. Тие стануваат пријатен лек којшто ги оживува душите на умирање.

Спротивно на тоа, злите зборови го прекршуваат мирот. Кога Ровоам, синот на кралот Соломон, се качил на престолот, луѓето од десет племиња побарале од него да им ја намали тешката работа. Кралот им одговорил, *„Татко ми ви* наложи тешко иго, јас пак ќе го зголемам; татко ми ве казнуваше со камшици, јас пак ќе ве казнувам со скорпии" (2 Летописи 10:14). Поради овие зборови, кралот и луѓето се отуѓиле еден со друг, што на крајот резултирало со поделба на земјата на два дела.

Човечкиот јазик претставува еден мал орган во телото, но во себе содржи неверојатна сила. Тоа е нешто налик на мало пламенче коешто лесно може да прерасне во голем пожар и да предизвика големи штети, ако не се контролира. Па затоа во Јаков 3:6 се кажува, „*И јазикот е оган, светот на беззаконието; јазикот е нешто што го осквернува целото тело, и ја пали насоката на животот наш, воспалувајќи се самиот од пеколот.*" Изреки 18:21 исто така ни кажува, „*Смртта и животот потпаѓаат во силата на јазикот, и оние коишто го сакаат ќе ги вкусат плодовите негови.*"

Кога кажуваме зборови на огорченост или поплака поради разликите во мислењата, таквите зборови во себе содржат непријатност, па затоа непријателот ѓаволот и Сатаната можат да покренат обвиненија против нас поради нив. Натрупувањето на поплаките и огорченоста и спроведувањето на ваквите зборови во дела, се разликуваат меѓу себе. Чувањето на шишенце полно со мастило во џебот и отворањето на капачето и истурањето на мастилото надвор, се две различни нешта. Ако случајно го отворите и истурите надвор, тогаш ќе ги извалкате и луѓето кои што се наоѓаат околу вас.

На истиот начин, кога ја работите работата за Бога можеби ќе имате поплаки бидејќи некои нешта не се во согласност со вашите сопствени идеи. Потоа некои други луѓе, коишто се согласуваат со вашите идеи, ќе го кажуваат истото. Ако бројот на луѓето кои што ги кажуваат таквите нешта се зголеми на два или три, тогаш тоа станува синагога на Сатаната. Мирот во црквата ќе биде прекршен и црквата ќе престане со својот раст. Затоа мораме секогаш да слушаме, гледаме и зборуваме само добри нешта (Ефесјаните 4:29). Не би требало ниту да ги слушаме зборовите коишто не се во рамките на вистината и добрината.

Размислувајте мудро од гледна точка на другите луѓе

Она што би требало да го floor во предвид како второстепено нешто е случајот кога ние самите немаме непријатни чувства кон некоја личност, но таа личност го прекршува мирот. Во тој случај мораме да размислиме дали навистина вината е кај таа личност. Понекогаш вие самите сте причината зошто некои луѓе го прекршуваат мирот, а дури и да не сте воопшто свесни за тоа.

Може да се случи дека сте им ги повредиле чувствата на другите луѓе поради вашата невнимателност и недоволно размислените зборови или однесување. Ако тоа е случај, тогаш и понатаму си мислите дека во себе немате никакви непријатни чувства за таа личност, тогаш нема да можете да го имате мирот со неа, ниту да ја постигнете самореализацијата којашто би ви овозможила да се измените. Би требало да можете да проверите дали навистина сте миротворец, погледнувајќи на ситуацијата од гледна точка на другите луѓе.

Ако се работи за водач, тогаш тој од својата лидерска позиција можеби си помислува дека успева да го одржи мирот, но неговите работници можеби поминуваат низ непријатности, за коишто тој не е свесен. Работниците не можат отворено да ги изразат своите чувства кон своите надредени. Единствено нешто што можат е да се чувствуваат повредени во своите души.

Постои една позната приказна за Премиерот Хванг Хе од Чосун Династијата. Во една прилика тој видел еден земјоделец којшто ја орал својата нива со помош на два бика. Премиерот го прашал земјоделецот со силен глас, „Кој од двата бика повеќе работи?" Земјоделецот тогаш го земал за рака премиерот и го однел малку понастрана. Таму му шепнал на увото, „Црниот понекогаш е мрзелив, но жолтиот е вистински вреден работник." „Зошто мораше да ме донесеш дури тука за да ми шепнеш нешто што се однесува на биковите?" Хванг Хе го прашал со насмевка на лицето. Земјоделецот му одговорил, „Дури и животните не сакаат да се зборува лошо за нив." Се зборува дека Хванг Хе тогаш сватил во што била неговата невнимателност.

Што ако биковите навистина можеле да разберат што кажал земјоделецот? Тогаш жолтиот бик би станал арогантен, а црниот би станал љубоморен и би почнал да му создава проблеми на жолтиот, можеби дури би се обесхрабрил и би работел помалку од порано.

Од оваа приказна можеме да извлечеме наравоучение дека треба да бидеме внимателни во односите дури и со животните, не зборувајќи никакви зборови коишто би можеле да повредат или да покажеме фаворизација за некого. Каде што постои фаворизацијата на некого, таму се јавува љубомората и ароганцијата. Така на пример, ако пофалите само една личност пред голем број на луѓе или пак ако прекорите некоја личност пред многу луѓе, вие тогаш ја поставувате основата за појавата на неслогата и раздорот. Морате многу да бидете внимателни и мудри за да не предизвикате нешто такво.

Постојат некои луѓе кои што страдаат поради фаворизирањето и дискриминацијата од страна на шефовите, но кога и тие самите ќе станат шефови, почнуваат да се однесуваат на истиот начин. Затоа мораме да бидеме многу внимателни, ако и самите сме страдале од слични неправди, потоа и ние самите, преку некои наши зборови или однесување, да не го прекршиме мирот на некој начин.

Вистинскиот мир во срцето

Вистинското нешто на коешто морате да обрнете внимание кога го исполнувате мирот, е фактот што вистинскиот мир мора да се постигне во самото срце. Дури и оние кои што го немаат мирот со Бога или со самите себеси, можат да го имаат мирот со другите луѓе, до едно одредено ниво. Голем број верници секогаш ги слушаат зборовите дека не смеат да го прекршат мирот, па затоа се способни да си ги исконтролираат своите непријатни чувства и да не дозволат да дојде до некој конфликт со другите луѓе, кои што имаат различни мислења од нив. Но фактот што немаат некој конфликт не мора да значи дека тие го имаат родено плодот на мир во себе. Плодот на

Духот се раѓа не само во надворешните односи, туку и во срцето.

На пример ако некоја личност не ви служи или не ве препознава, вие се чувствувате огорчени, но можеби не го искажувате тоа однадвор. Можеби ќе си помислите, 'Морам да имам уште само малку повеќе трпение!' и да продолжите да и служите на таа личност. Но што ако истите нешта повторно се повторат.

Тогаш чувствата на огорченост може да се натрупуваат во вас. Во таков случај можеби нема директно да го изразите незадоволството, помислувајќи си дека сето тоа единствено ќе ја повреди вашата гордост, но затоа пак може индиректно да почнете да ја критикувате таа личност. На некој начин ќе ги откриете чувствата коишто ве прогонуваат. Понекогаш се случува да не ги разбирате другите, што не дозволува да го имате мирот со нив. Морате да ја држите устата затворена, ако се плашите дека зборувањето може да доведе до караници или расправии. Тогаш престанувате да ѝ се обраќате на таквата личност, погледнувајќи ја без доволна почит и помислувајќи си, 'Тој е зол и секогаш инсистира на своето, па затоа не можам да зборувам со него.'

На тој начин вие однадвор не го прекршувате мирот, но исто така немате добри чувства за таа личност. Чувствувате дека не можете да се сложите со неа, па затоа можеби нема да сакате ниту да бидете во нејзина близина. Можеби ќе почнете да се жалите на неа, зборувајќи им на другите за нејзините недостатоци. Тогаш ќе ги споменувате своите непријатни чувства кажувајќи им на луѓето, „Тој е навистина зол. Како некој може да го разбере! Но делувајќи во добрината, јас сеуште го трпам." Се разбира дека е подобро вака да не се прекрши мирот, отколку директно да се прекрши.

Но за да можеме да го имаме вистинскиот мир, мораме од срце да им служиме на другите. Не би требале да ги воздржувате таквите чувства и сеуште да очекувате да ве служат. Морате во срцето да ја имате волјата да им служите на другите луѓе и да ја барате користа за нив.

Никако не смеете да се насмевнувате само однадвор, додека одвнатре да искажувате судови за личноста. Морате да се трудите да ги разберете другите луѓе, гледајќи на работите од нивна гледна точка. Тогаш и само тогаш, Светиот Дух ќе може да делува. Ако луѓето го видат ова, иако и понатаму ка си ја бараат својата корист, тие сепак ќе бидат трогнати во срцето и ќе почнат да се менуваат. Кога секоја личност којашто е инволвирана во конфликтот има свои мани, секоја од нив може да биде сметана за виновна. Затоа на крајот секоја личност ќе може да го пронајде вистинскиот мир и ќе може да си го споделИ срцето со другите.

Благословите за миротворците

Оние луѓе кои што го имаат мирот со Бога, со самите себеси и со сите други луѓе, го поседуваат авторитетот да можат да ја избркаат темнината. Затоа таквите личности ќе можат да го постигнат мирот околу нив. Како што е запишано во Матеј 5:9, *„Благословени се миротворците, затоа што ќе бидат наречени синови Божји,"* тие го имаат авторитетот на чедата Божји, авторитетот на светлината.

На пример ако сте црковен лидер, тогаш ќе можете да им помогнете на верниците да го понесат плодот на мирот. Имено, ќе им го дадете Словото на вистината, коешто го има авторитетот и силата, така што тие ќе можат да се одвојат од гревовите и да ја прекршат својата самоправедност и мисловни рамки. Синагогите на Сатаната се создадени за да ги отуѓуваат луѓето, а вие можете да ги уништите преку силата на вашиот збор. На тој начин ќе го донесете мирот помеѓу различни луѓе.

Јован 12:24 кажува, *"Вистина, вистина ви велам, ако зрното пченично не падне на земјата и не умре, останува само; но ако умре, донесува голем плод."* Исус се жртвувал Себеси и умрел како зрното пченично, па затоа и донел безброј плодови. Тој им ги простил гревовите на безброј многу души на умирање и им дозволил да го имаат мирот со Бога. Како резултат на сето тоа, Самиот Господ станал Кралот над кралевите и Господ над господарите, примајќи ја големата слава и чест.

Само кога ќе се жртвуваме себеси, ќе можеме да имаме една изобилна жетва. Богот Отецот посакува сите Негови чеда да се жртвуваат и да 'умрат како зрното пченично' за да можат да понесат изобилство од плодови, исто како што Исус тоа го направил. Исус исто така кажал во Јован 15:8, *"Отецот Мој ќе се прослави ако вие принесете многу плод, докажувајќи со тоа дека сте ученици Мои."* Како што е тука кажано, да ги следиме желбите на Светиот Дух за да можеме да го понесеме плодот на мирот и да ги поведеме со нас бројните души, кон патот на спасението.

Евреите 12:14 кажува, *"Грижете се да имате мир со сите и светост, без којашто никој нема да го види Господа."*

Дури и да сте апсолутно во право, ако кај другите луѓе се раѓаат некои непријатни чувства заради вас, создавајќи тло за конфликти, сето тоа не е право во очите на Бога, па затоа, би требало да се преиспитате себеси. Потоа ќе можете да станете света личност којашто во себе нема никаква форма на зло и којашто ќе може да го види Господа. Правејќи го тоа, се надевам дека ќе го уживате духовниот авторитет тука на земјата и ќе бидете нарекувани синови Божји, доаѓајќи до почесната позиција на Небесата, каде што ќе можете постојано да го гледате Господа.

Јаков 1:4

„И дозволете трпеливоста да даде совршен резултат, за да можете да бидете совршени и целосни, без никаков недостаток."

Глава 5

Трпение

Трпението коешто не мора да биде трпеливо

Плодот на трпеливоста

Трпеливоста на татковците на верата

Трпеливоста да се отиде во Кралството Небесно

Трпение

Многу пати во животот среќата ни зависи од тоа дали можеме да бидеме трпеливи или не. Во односите помеѓу децата, помеѓу мажите и жените, помеѓу браќата и сестрите, пријателите, луѓето често пати се кајат поради тоа што не успеале да бидат трпеливи. Успехот или неуспехот во нашето студирање, работа или бизнис зделки, исто така може да зависи од нашето трпение во даден момент. Значи дека трпението претставува еден мошне значаен елемент во нашите животи.

Духовното трпение и она коешто световните луѓе го знаат како трпение, недвосмислено се разликуваат едно од друго. Луѓето во овој свет поднесуваат некои нешта со трпение, но тоа трепение е всушност телесно трпение. Ако случајно луѓето во себе носат некои непријатни чувства, тогаш тие поминуваат низ големи маки во обидите да ги поттиснат таквите чувства. Во таквите ситуации тие дури ги стискаат забите и престануваат да јадат, за на крајот сето тоа да доведе до нервоза или депресија. Сепак за таквите луѓе се вели дека успеваат да покажат големо трпение. Но тоа сепак не е воопшто слично со духовното трпение.

Трпението коешто не мора да биде трпеливо

Духовното трпение не значи да се биде трпелив поднесувајќи го злото, туку да се биде трпелив преку добрината. Ако сте трпеливи преку добрината, лесно ќе можете да ги надминете тешкотиите со благодарност и надеж. Сето ова може да го поведе човекот кон имањето на поширoко срце. Од друга страна пак, ако сте трпеливи поднесувајќи го злото во себе, тогаш вашите непријатни чувства ќе ви се натрупуваат и вашето срце постојано ќе станува се поскаменето.

Да претпоставиме дека некој постојано ве псуе и ви предизвикува болка. Можеби ќе почувствувате како вашата гордост е повредена и ќе се почувствувате како жртва, но ќе се обидете да ги потиснете таквите чувства, заради тоа што Словото Божјо не учи да бидеме трпеливи. Но вашето лице почнува да се вцрвенува, вашето дишење да се забрзува, а вашите усни да се стискаат, додека се обидувате да си ги исконтролирате мислите и чувствата. Ако на овој начин си ги поттиснете чувствата, никогаш не можете да знаете дали подоцна ќе испливаат и тоа во многу потешка варијанта. Таквиот вид на трпение не претставува духовно трпение.

Ако вие во себе го имате духовното трпение, тогаш вашето срце нема да може да биде вознемирено со никакви влијанија. Дури и да се случи да бидете неправедно обвинети за нешто, вие нема да им создавате тешкотии на другите луѓе, помислувајќи си во себе, дека сето тоа мора да е резултат на некое недоразбирање. Ако го поседувате таквото срце, тогаш нема да имате потреба да 'трпите' или да 'простувате' на било кого. Дозволете ми тука да ви дадам еден илустративен пример.

Во една студена зимска ноќ, светлата во една куќа биле запалени сé до доцна во ноќта. Семејството коешто живеело во куќата има бебе коешто што има треска и многу висока температура до 40 °C (104 °F). Таткото ја мокрел својата маица во студена вода, за држејќи го бебето, да успее некако да му ја симне температурата. Кога го погледнал своето дете, се изненадил што тоа мирно спиело во неговите раце, иако неговата маица била навистина студена.

Кога маицата станала топла поради треската на детето, таткото повторно би ја намокрил во студена вода. Тој оваа постапка морал небороено пати да ја повторува во текот на ноќта сѐ до самото утро. Но во себе не чуствувал никаков замор, ниту болка. Тој единствено со љубов во очите го гледал бебето коешто цврсто спиело во безбедноста на неговата прегратка.

Иако цела ноќ немал склопено око, не чувствувал ниту глад, ниту замор. Не стигнал ниту да помисли на себе, додека се грижел за своето бебе. Целото негово внимание било насочено на бебето, трудејќи се што е можно повеќе да му ја олесни положбата и да му ја направи покомфорна. Откако бебето навистина се почувствувало подобро, тој ниту еден момент не помислил на својот замор. Кога сакаме некого, ние автоматски ги поднесуваме тешкотиите и напорната работа заради тие личности, па затоа и не мораме да бидеме трпеливи во ништо. Ова е духовното значење на зборот 'трпение'.

Плодот на трпеливоста

Во 1 Коринтјаните, глава 13, можеме да најдеме запис за 'трпението', во „Главата за љубовта", и тука е претставено трпението за да се искултивира љубовта. Таму на пример е запишано дека љубовта не ја бара својата лична корист. За да можеме да се откажеме од она што го посакуваме и да ја бараме користа за другите луѓе, ќе бидеме приморани да се соочиме со ситуации коишто ќе го бараат нашето трпение. Трпението коешто се споменува во „Главата за љубовта" е трпение да се искултивира љубовта.

Но трпението коешто е еден од плодовите на Светиот Дух претставува трпение во сѐ. Ова трпение е на едно повисоко ниво од трпението во духовната љубов. Постојат некои тешкотии со коишто се соочуваме додека се обидуваме да ја достигнеме целта, било да е тоа Кралството Божјо, или нашата лична осветеност. Дури и да жалиме и да ја трошиме нашата енергија низ напорна работа, ние со трпение ќе истрпиме во верата и љубовта, бидејќи ќе се надеваме на богата жетва и на носењето на плодовите. Ваквиот вид на трпение е трпението коешто претставува еден од плодовите на Светиот Дух. Постојат три аспекта во ваквиот вид на трпение.

Првиот аспект е трепението да си ги измениме нашите срца.

Колку повеќе зло имаме во срцата, толку потешко ќе ни биде да покажеме трпеливост. Ако во нас ги имаме мерките на гневот, ароганцијата, алчноста, самоправедноста и самосоздадените мисловни рамки, тогаш ќе го имаме темпераментот и непријатните чувства коишто ќе можат многу лесно да избувнат околу некои тривијални нешта.

Еден член на црквата имаше месечен приход од околу 15 000 американски долари , но во некои месеци приходот му беше помал од вообичаеното. Тогаш тој незадоволно се жалеше против Бога. Подоцна се исповеда дека всушност не бил благодарен за сето изобилие во коешто уживал, и дека во срцето ја имал алчноста и зависта.

Би требало да му бидеме благодарни на Бога за сето што ни го дава, иако можеби немаме доволно пари. Алчноста тогаш нема да расте во нашите срца и ние ќе можеме да ги примиме благословите од страна на Бога.

Но како што го отфрламе злото и стануваме сѐ поосветени, така ни станува сѐ полесно да бидеме трпеливи. Ќе можеме во тишина да трпиме дури и во некои многу тешки ситуации. Тогаш ќе можеме да ги сватиме сите луѓе и да им дадеме прошка, без да мораме да потиснуваме некои чувства во себе.

Лука 8:15 ни кажува, *„А семето што е во добра земја, тоа се оние кои што го чуја Словото преку искреното и добро срце, зачувувајќи го и принесувајќи го плодот преку истрајноста."* Имено, оние кои што имаат добри срца како што е добрата земја, можат да бидат трпеливи сѐ додека не ги понесат добрите плодови.

Но сепак ни е потребна истрајноста и мораме да вложиме напор за да си ги измениме срцата во добрата земја. Светоста не може автоматски да се постигне само преку нашата желба за неа. Мораме да станеме послушни кон вистината, преку ревносното молење со сето наше срце и преку постењето. Ќе мораме да се откажеме од она што некогаш сме го сакале, а ако тоа не придонесува за духовниот развој, тогаш ќе мораме и да го отфрлиме. Ќе мораме да престанеме среде таквото нешто или ќе мораме наеднаш да се откажеме и да престанеме со таквите нешта. Сѐ додека не успееме да го пожнееме плодот на осветеноста во целост и додека не ја достигнеме нашата цел, се дотогаш ќе мораме да се трудиме да дадеме сѐ најдобро од себе, преку самоконролата и делувањето во Словото Божјо.

Крајната дестинација на нашата вера е Кралството Небесно и секако, најубавото од сите прекрасни небесни места за живот, Новиот Ерусалим. Затоа мораме да продолжиме на тој пат, вредно и истрајно работејќи сé додека не го достигнеме нашето одредиште.

Но понекогаш можеме да видиме опаѓање и забавување во брзината на осветувањето на срцата и по водењето на вреден Христијански живот.

Луѓето бргу ги отфрлаат 'делата на телесното' бидејќи тоа се гревови коишто се лесно воочливи однадвор. Но бидејќи 'нештата на телесното' не можат да се воочат однадвор, нивното отфрлање се забавува. Таквите луѓе, кога ќе ја најдат невистината во себе, почнуваат вредно да се молат за да ја отфрлат истата, но наскоро, по неколку дена, забораваат на сето тоа. Ако сакате да го искорнете каколот во целост, тогаш нема да го корнете само листот, туку ќе го искорнете од корен. Истиот принцип важи и за грешната природа. Вие морате да се молите и да се обидувате да си го измените срцето сé до самиот крај, додека не успеете да го искорнете самиот корен на грешната природа.

Кога јас бев нов верник, се молев за да ги отфрлам некои одредени нешта, бидејќи по читањето на Библијата сватив дека Бог ги мрази грешните атрибути, како што се омразата, лошото однесување и ароганцијата. Кога одлучно се придржував до моите самоцентрирачки перспективи, не успевав да ги отфрлам омразата и непријатните чувства од моето срце. Но низ молитвата Бог ме даруваше со благодетта да ги сватам луѓето, гледајќи од нивна гледна точка. Сите мои нервозни чувства против нив се истопија и мојата омраза исчезна.

Јас научив да бидам трпелив додека го отфрлам гневот. Во ситуациите кога бев неправедно обвинет за нешто, јас успевав да се исконтролирам, броејќи си во себе, 'еден, два, три, четири...' задржувајќи ги зборовите коишто сакав да ги изречам. Во почетокот ми беше навистина тешко да се воздржам, но како сѐ повеќе се обидував, мојот гнев и нервоза постепено почнаа да исчезнуваат. На крајот успеав, дури и во некои навистина провокативни ситуации, да немам никакви лоши чувства коишто ми паѓаа на ум.

Верувам дека ми беа потребни три години за да успеам да ја отфрлам од себе ароганцијата. Во времето кога уште бев нов во верата, јас не ни знаев што претставува ароганцијата, но сепак се молев да ја отфрлам. Постојано се преиспитував себеси додека се молев. Како резултат на сето тоа, јас бев во состојба да им оддадам почит и респект дури и на луѓето кои што изгледаа дека се поинфериорни од мене во многу аспекти. Подоцна им служев на другите пастори, било тие да беа на водечки позиции или пак беа тукушто поставени. По трпеливото молење во текот на три години, јас сватив дека во себе не поседувам ниту еден атрибут на ароганцијата, па затоа повеќе не морав да се молам заради тоа.

Ако не успеете да го извлечете коренот на грешната природа од вас, тогаш атрибутот на тој грев, може повторно да се појави за време на некоја екстремно тешка ситуација. Можеби ќе се разочарате кога ќе сватите дека сепак сеуште ги имате карактеристиките на невистинитото срце во себе, за коишто сте мислеле дека веќе ги имате отфрлено. Можеби ќе се обесхрабрите помислувајќи си, 'Толку многу се обидував да ги отфрлам, а тие сеуште се наоѓаат во мене.'

Можеби ќе најдете некои форми на невистината во себе, додека се обидувате да го искорените оригиналниот корен на грешната природа, но тоа не мора нужно да значи дека не сте направиле никаков духовен прогрес. При чистењето на кромидот, можете да видите дека ист тип на слоеви се натрупани еден врз друг. Но ако продолжите со отфрлањето на тие слоеви, на крајот кромидот ќе исчезне. Истото важи и за грешната природа. Никако не смеете да се обесхрабрите ако не сте успеале во целост да ја отфрлите. Морате да бидете трпеливи сѐ до самиот крај, обидувајќи се и вредно гледајќи напред, сѐ додека не ја превземете целосната контрола над нештата.

Некои луѓе се обесхрабруваат ако веднаш не ги добијат материјалните благослови, веднаш по нивното делување во Словото Божјо. Тогаш си помислуваат дека не добиваат ништо за возврат за својот труд во добрината, освен загуба и болка. Некои дури се жалат дека и по нивното вредно присуство на богослужбите во црквата, сепак не примаат никакви благослови за својот труд. Нема причина за таквата нивна поплака. Тие не ги примаат благословите од Бога поради тоа што сеуште не успеале да ги отфрлат нештата коишто Бог им кажал да ги отфрли, и сеуште ја практикуваат невистината во своите животи.

Фактот што тие се жалат докажува дека фокусот на нивната вера е изместен. Вие не можете да се изморите ако делувате во добрината и вистината со верата. Колку повеќе делувате во добрината, толку повеќе радост добивате, така што почнувате да копнеете за сѐ повеќе нешта на добрината. Откако ќе станете осветени преку верата на овој начин, вашата душа ќе напредува и сите нешта ќе почнат добро да ви одат, а ќе бидете благословени и со добро здравја.

Вториот вид на трпението е трпението помеѓу луѓето.
Кога ја имате интеракцијата со луѓето кои што имаат различен карактер од вашиот и различно ниво на едукација, може да се случи контактите да прераснат во некои конфликти. Црквата секако е место каде што луѓето од најразлични профили и позадина се среќаваат. Па така, започнувајќи најпрво со некои најтривијални нешта, конфликтите прераснуваат во многу сериозни нешта, па може да ви се родат најразлични мисли, коишто ќе ви го прекршат мирот во вас.

Тогаш луѓето може да кажат, „Неговиот начин на размислување е сосем спротивен на мојот. Навистина е тешко за мене да соработувам со него, бидејќи имаме сосем различни карактери." Но дури и помеѓу мажот и жената, колку од нив се со совршено совпаѓачки карактери? Нивните животни навики и вкусови може да се разликуваат, но затоа тие мораат да си попуштаат, за да можат да имаат убав спој заедно.

Оние луѓе кои што копнеат за осветувањето, мораат да бидат трпеливи во било која ситуација со било која личност и да го оддржуваат мирот. А во некои тешки и непријатни ситуации, мораат да се прилагодат кон ставовите на другите луѓе. Таквите личности секогаш ги разбираат другите, преку своето добро срце и имаат трпение, барајќи ја користа за другите. Дури и кога другите делуваат со зло кон нив, тие сепак само се обидуваат некако да ги истрпат. На злото коешто им се нанесува, тие одвраќаат само со добрина и со ништо друго.

Исто така мораме да бидеме трпеливи кога се обидуваме да ги евангелизираме душите околу нас, или да им дадеме некој совет, или пак ако се обидуваме да ги научиме црковните членови да го остварат Кралството Божјо. Додека го извршував свештенствувањето на пасторот, имав прилика да видам како кај некои луѓе промените се случуваа навистина многу бавно. Кога ќе го засакаат светот и ќе го осрамотеа Бога, јас ги пролевав моите солзи тагувајќи за нив, но никогаш не се откажував од нив. Секогаш имав трпение за нив, носејќи ја во себе надежта дека тие еден ден навистина ќе се изменат.

Кога ги подигав црковните работници, јас морав да покажам доста трпение, во текот на долг временски период. Не можев едноставно да им наложам некои директиви на подредените или да ги присилам да го направат она што го барам од нив. Иако знаев дека некои нешта ќе бидат извршени на многу бавен начин, јас сепак не смеев да му ја одземам должноста на некој член кажувајќи му, „Не си доволно способен за оваа работа. Те отпуштам." Јас трпеливо се трудев и ги водев кон тоа тие да станат способни да ја извршуваат таа работа. Морав да чекам пет, десет или петнаесет години тие да се здобијат со способноста да си ги извршуваат своите должности, а тоа го постигнаа низ секојдневните духовни тренинзи.

Јас бев трпелив со нив не само кога не принесуваа никаков плод, туку и кога погрешно ги правеа работите, за да не предизвикам некакво сопнување кај нив. Можеби изгледа полесно некоја личност која што е поспособна за таа работа да ги изврши нивните задачи, но причината зошто бев толку трпелив со нив лежеше во желбата за спасението на нивните души. А и во тоа што сакав што повеќе да го исполнам Кралството Божјо во целост.

Ако на овој начин сте го воочиле семето на трпението, вие секако ќе се здобиете со плодот во согласност со правдата Божја. Ако на пример имате трпение со некои души додека се менуваат, молејќи се за нив низ солзи, ќе се здобиете со поширокото срце во коешто ќе можете да ги сместите сите нив. Значи дека ќе се здобиете со авторитетот и силата, да можете да оживеете голем број на души. Тогаш ќе ја добиете силата да ги менувате душите коишто сте ги ставиле во вашето срце, преку молитвата на праведниот човек. Исто така, ако си го контролирате вашето срце и ако го посадите семето на трпението во него, дури и соочувајќи се со лажните обвиненија против вас, тогаш Бог ќе ви дозволи да го пожнеете плодот на благословот.

Третиот аспект е трпението во нашиот однос со Бога.
Ова се однесува на трпението коешто морате да го имате во исчекувањето на одговорот на вашите молитви упатени кон Бога. Марко 11:24 гласи, *"Затоа ви велам, сите нешта за коишто се молите и барате, верувајте дека сте ги примиле и ќе ви бидат дозволени."* Ние можеме да веруваме дека сите зборови коишто се запишани во шеесет и шесте

книги во Библијата се вистинити, ако во себе ја имаме верата за тоа. Постојат ветувања од страна на Бога коишто ќе ги добиеме, кога ќе ги побараме од Него, што значи дека можеме било што да постигнеме преку молитвата кон Бога.

Но се разбира дека тоа не значи дека ние едноставно ќе се молиме, не правејќи ништо друго и ќе ги добиеме тие нешта. Ние мораме да го практикуваме Словото Божјо на соодветен начин, за да можеме да ги примиме одговорите на нашите молитви. На пример, ако еден студент којшто има оценки околу просекот, се моли да има највисоки оцени во својот клас. Но правејќи го тоа, тој само сонува за време на часовите, не обрнувајќи внимание на учењето. Дали ќе може да стане еден од најдобрите во класот? Тој мора да учи, молејќи се при тоа вредно до Бога, за Бог да може да му помогне во желбата да стане најдобар во класот.

Истото важи и за бизнисот. Ако искрено и ревносно се молите за подобрување на вашиот бизнис, но вашата цел е да си купите уште една куќа, да инвестирате во недвижнини или да си купите луксузна куќа. Дали ќе можете да ги примите одговорите на вашите молитви? Се разбира дека Бог сака Неговите чеда да живеат во изобилство, но не може да ги исполни молитвите кои што се плод на нечијата алчност. Но ако во срцето сакате да ги примите благословите за помагањето на оние коишто се сиромашни, за поддршката на мисонерските работи, работејќи ги при тоа задолженијата без да направите нешто илегално, Бог тогаш сигурно ќе ви одговори со благослов и изобилство.

Постојат многу ветувања во Библијата коишто Бог им ги

ветува на Своите чеда, кои што му се молат. Но во голем број на случаи, луѓето не ги примаат одговорите на своите молитви, бидејќи не се доволно трпеливи. Луѓето можеби ќе бараат одговорот да биде веднаш, но Бог можеби нема тоа да го направи на тој начин.

Бог кој што знае сè, им одговара на најсоодветниот начин. Ако нештата коишто се бараат преку моливата се големи и важни, Бог ќе одговори онолку коку што молитвите ќе бидат исполнети. Кога Даниил се помолил да го прими откровението за духовните нешта, Бог го испратил Својот ангел, кој што требало да му одговори на молитвите, веднаш штом тој почнал да се моли. Но поминал период од даваесет и еден ден, пред Даниил навистина да го сретне ангелот. За време на тие дваесет и еден ден, Даниил продолжил со молењето со иститот ревносен жар, како и на денот кога почнал да се моли. Ако навистина веруваме дека веќе сме го добиле она што сме го побарале во молитвата, тогаш нема да ни биде тешко да чекаме на него. Мораме само да помислуваме на радоста којашто ќе ја чувствуваме кога ќе го примиме решението за својот проблем.

Некои верници не можат да дочекаат да го добијат она што го побарале во молитвите. Можеби ќе се молат и ќе постат барајќи од Бога, но по недобивањето на недоволно брзиот одговор, тие се откажуваат, мислејќи дека Бог нема да им одговори на молитвите.

Ако навистина веруваме и се молиме, не би можеле да станеме обесхрабрени во нашите обиди и да се откажеме. Она што не го знаеме е кога ќе пристигне одговорот: утре, вечерва, по следната молитва, или по една година. Бог го знае совршениот миг кога треба да ни го даде она што сме го побарале.

Јаков 1:6-8 кажува, *„Но да се моли со вера и никако да не се сомнева, оти оној кој што се сомнева прилега на морскиот бран кого што ветрот го издига и растура. Таквиот човек нека не очекува да добие нешто од Господа, бидејќи човекот кој што се двоуми, во сите свои патишта е непостојан."*

Единствената важна работа лежи во тоа колку цврсто веруваме додека се молиме. Ако навистина веруваме дека веќе сме ги добиеле одговорите од Бога, ќе можеме да бидеме среќни и радосни во било која ситуација. Ако ја поседуваме верата да ги примиме одоговорите, ќе се молиме и ќе делуваме во вистината, сѐ додека плодот не ни биде даден во нашите раце. Понатаму, ако по нашиот пат низ верата поминуваме низ неволјите на срцето, или низ некакви прогонства, тогаш ќе можеме да го понесеме плодот на добрината само преку трпението.

Трпението на татковците на верата

Ако трчаме маратон секако дека ќе се соочиме со многу тешки моменти. Но радоста којашто ќе ја почувствуваме кога ќе стигнеме до целта по толку многу тешки моменти, ќе биде толку многу голема, што може да биде сватена само од оние коишто и самите го имале истото искуство. Божјите чеда кои што ја трчаат трката на верата, одвреме наврeме исто така можат да се соочат со тешкотии по својот пат, но ќе можат да ги надминат преку барањето на Исуса Христа. Бог ќе им ја дарува Неговата благодет и сила, а Светиот Дух исто така ќе се труди да им помогне.

Евреите 12:1-2 наведува, „*Затоа, имајќи толкав облак на сведоци којшто né опколуваат, да ги положиме настрана сите оптоварувања и гревови коишто лесно не врзуваат, и со трпеливост да ја истрчаме тркатата којашто е пред нас, фиксирајќи ги очите наши на Исуса, авторот и довршителот на верата, кој што поради радоста идна го претрпе крстот, презирајќи го срамот, и седна на десната страна од престолот Божји.*"

Исус имал претрпено голем број случаи на презир и подбивање од страна на Неговите созданија, сé додека не го исполнил провидението на спасението. Но поради тоа што знаел дека ќе седне од десната страна на Божјиот престол и дека спасението ќе му биде дадено на човештвото, Тој го издржал сето тоа до крајот, без и да помисли на физичкиот срам. Тој умрел заради тоа што на Себе ги превземал сите гревови на човештвото, а на третиот ден по смртта Тој воскреснал, за да го отвори патот на спасението за луѓето. Бог го поставил Исуса за Крал над кралевите и за Господар над господарите, поради тоа што сé до својата смрт, со љубов и вера, Тој ѝ се повинувал на Божјата волја во целост.

Јаков бил внук на Авраам и станал татко на Израелската нација. Тој поседувал едно многу упорно срце. Тој му го одземал роденото право на својот брат Исав прелажувајќи го, и потоа избегал за Харан. Во Ветил го примил ветувањето од страна на Бога.

Битие 28:13-15 гласи, ,, *...земјата на којашто спиеш, ќе ти ја дадам тебе и на потомството твое. Потомството твое ќе биде колку правта на земјата, и ќе се рашириш на запад и на исток, и на север и на југ; и во тебе и во потомството твое сите племиња на земјата ќе бидат благословени. И еве, со тебе сум и ќе те пазам каде и да отидеш, и ќе те вратам на оваа земја; нема да те оставам сé додека не го направам сето она што сум ти го ветил.*" Јаков ги трпел испитувањата во текот на дваесет години, сé додека на крајот не станал таткото на сите Израелци.

Јосиф бил единаесетиот син на Јакова и ја имал примено сета љубов од страна на својот татко, за разлика од неговите браќа. Еден ден, тој бил продаден како роб во Египет, од страна на своите љубоморни браќа. Во текот на наредните четириесет години живеел живот како роб во туѓа земја, но сепак не се обесхрабрил. Постојано се трудел да направи колку што е можно повеќе во својата работа, па затоа поради неговата верност бил приметен од страна на својот господар. Неговата благосостојба станувала сé подобра, откако ја превземал на себе одговорноста да се грижи за имотот на својот господар, но врз него неправедно била фрлена вина и бил затворен. Сето тоа биле испитанија коишто морал да ги помине.

Се разбира, сето тоа било само Божја промисла, припремајќи го во тој процес на созревање, за на крајот да му ја додели улогата на Египетскиот премиер. Но никој друг освен Бог, не го знаел овој факт. Јосиф не ја изгубил разборитоста дури ниту кога бил затворен, бидејќи длабоко во себе ја носел верата и верувал дека ветувањето коешто му било дадено од страна на Бога, уште во неговото детство, мора да се исполни. Тој верувал дека Бог ќе го исполни неговиот сон, кога сонцето и месечината и единаесетте ѕвезди на небото ќе му се поклонат, и во ниедна ситуација не покажал знак на колебливост. Тој целосно верувал во Бога и ги истрпувал сите нешта коишто му биле дадени, следејќи го правиот начин којшто бил во согласност со Словото Божјо. Неговата вера претставувала една вистинска вера.

Што би направиле вие, ако бевте во слична ситуација? Можете ли да си замислите како се чувствувал по 13-те години поминати во ропство? Вие веројатно многу би му се молеле на Бог, за да ве избави од таквата ситуација. Веројатно постојано би се проверувале себеси и длабоко во себе би го носеле покајанието за сите нешта на коишто би помислиле и ги сметате за грешни, за да би можеле да го примите одговорот од страна на Бога. Преку искрените солзи и зборови би ја барале благодетта и милоста од Бога. Но ако таквата ситуација продолжи во текот на една, две или десет години а вие и понатаму паѓате во тешки ситуации во животот, како би се чувствувале тогаш?

Тој бил затворен за време на најенергичните години од својот живот, гледајќи како времето бесмислено си поминува и би се чувствувал навистина мизерно да не ја поседувал во себе, толку големата вера во Бога. Кога помислувал на убавиот живот којшто го водел во куќата на својот татко, колку ли мизерно мора да се чувствувал. Но она што Јосиф го поседувал била целосната вера во Бога, цврсто верувал во Неговата љубов, знаејќи дека Тој секогаш го дава она што й е најполезно на личноста. Тој никогаш не ја изгубил надежта, дури ниту во некои многу испитувања кои што воделе кон целосна депресија на личноста, делувајќи низ верноста и добрината, искажувајќи долготрпеливост сѐ додека не му се исполнил неговиот сон.

Давид исто така бил признат од страна на Бога како човек кој што го поседувал срцето на Бога. Но дури и по неговото помазание како следен крал, тој морал да биде подложен на многу испитувања, вклучувајќи го тука и прогонот од страна на кралот Саул. Се соочил со многу ситуации опасни по живот. Но преку истрпувањето на сите овие потешкотии низ верата, тој станал величествен крал, кој што бил способен да владее во Израелот.

Јаков 1:3-4 кажува, *„ ...знаејќи дека испитувањето на вашата вера создава трпеливост. Трпеливоста пак, нека ви биде совршена, за да можете да бидете совршени и целосни, без никаков недостаток."* Ве повикувам да ја култивирате ваквата трпеливост во целост. Ваквата трпеливост ќе ви ја зголеми верата и ќе ви го продлабочи и прошири срцето, за да ви покаже поголема зрелост. Тогаш ќе ги искусите благословите и одговорите од страна на Бога, ако целосно го постигнете трпението во себе. (Евреите 10:36).

Трпеливоста да се отиде во Кралството Небесно

Потребно ни е трпение за да отидеме во Кралството

Небесно. Некои од нас кажуваат дека ќе уживаат во светот и световните нешта додека се млади, а ќе почнат да присуствуваат на богослужбите во црквата откако ќе остарат. Некои други пак водат вреден живот во верата со надеж за враќањето на Господа, но по некое време го губат трпението и го менуваат својот став. Поради тоа што сметаат дека случката кога Господ треба да се врати не се случува онолку бргу колку што тие очекуваат, почнуваат да си мислат дека е многу тешко да се продолжи со вредниот живот во верата и се откажуваат. Тие кажуваат дека ќе се одморат од обрезувањето на своите срца и од дејствувањето за Бога, па кога ќе го видат сигурниот знак дека Господ ќе се врати, тогаш повторно ќе почнат вредно да работат.

Но никој не може да знае кога Бог ќе го повика нашиот дух, или пак кога Господ повторно ќе дојде. Дури и да можеме однапред да знаеме кога ќе се случи тој час, не можеме да поседуваме онолку вера колку што посакуваме. Една личност не може да има онолку духовна вера колку што ќе посака, за да го прими спасението. Таа единствено може да ни биде дадена од страна и по благодет Божја. Непријателот ѓаволот и Сатаната исто така нема да ги остават луѓето така лесно да се здобијат со спасението. Понатаму ако во себе ја носите надежта дека ќе одите во Новиот Ерусалим, тогаш ќе бидете во можност сè да правите низ долготрпение.

Псалм 126:5-6 гласи, *„Оние кои што низ солзи сеат, ќе жнеат низ радосен восклик. Оној кој што чекори во и од плачот, носејќи си ја својата вреќа со семе, навистина повторно ќе дојде низ восликот на радоста, носејќи си го снопјето со себе."* Секако дека мораме низ напор, солзи и жалење да си го посееме семето и да си го негуваме. Понекогаш неопходниот дожд можеби нема да падне, или можеби орканските облаци ќе донесат премногу дожд кој исто може да го оштети семето. Но сепак на крајот сигурно ќе ја искусиме радоста на обилната жетва, во согласност со правилата на небесната правда.

Бог веќе илјадници години ги очекува своите вистински чеда, чуствувајќи ги тие години како еден ден, чувствувајќи ја болката поради тоа што го дал Својот еден и единороден Син за нашето спасение. Господ ги издржал маките на крстот, а Светиот Дух исто така ја понел неискажливата жалост којашто се провејува низ периодот на човечката култивација. Се надевам дека ќе успеете во целост да ја минете култивацијата, сеќавајќи се на љубовта Божја, за да можете да ги понесете плодовите на благословот, како тука на земјата, така и на Небесата.

Лука 6:36

„Затоа бидете милостиви исто како што и вашиот Отец е милостив."

Глава 6

Љубезност

Разбирањето и проштевањето на другите преку плодот на љубезноста
Потребата да се поседува срцето и делата како кај Господа
Отфрлањето на предрасудите за да се има љубезноста
Милоста за оние кои што поминуваат низ тешкотии
Немојте лесно да укажувате на туѓите недостатоци
Бидете великодушни кон сите луѓе
Особината да им се оддава чест на другите луѓе

Љубезност

Понекогаш луѓето кажуваат дека не можат да сватат некоја личност, иако напорно се обидувале во тоа, или пак дека не можеле да ѝ простат на некоја личност, иако од сѐ срце се обидувале да го сторат тоа. Но ако во своето срце го имаме изродено плодот на љубезноста, нема да постои ништо што не би можеле да го разбереме и нема да постои ниту една личност на којашто не можеме да ѝ простиме. Тогаш ќе бидеме во можност да ја сватиме било која личност, преку добрината и љубовта коишто се во нашите срца. Нема да кажуваме дека сакаме или не сакаме некои луѓе поради оваа или онаа причина. Никогаш повеќе нема да можеме да покажеме антипатија или омраза кон некого. Не би можеле да негуваме некои непријатни чувства против некоја личност, а да и не споменуваме дека не би можеле да имаме непријатели.

Разбирањето и проштевањето на другите преку плодот на љубезноста

Љубезноста е квалитетот или состојбата да се биде љубезен. Но духовното значење на љубезноста е нешто што е многу слично на милоста. Духовното значење на милоста е „да се свати во вистината дури и онаа личност којашто не може да биде сватена од никого." Тоа исто така значи да се поседува срцето преку коешто ќе можете да им простувате во вистината, дури и на оние личности кои што не можат да добијат прошка од ниеден друг човек. Бог покажува сочуство кон човештвото преку срцето на милоста.

Псалм 130:3 гласи, *„Ако Ти, ГОСПОДЕ, ги бележиш*

беззаконијата, О ГОСПОДИ, кој тогаш ќе остане?" Како што е запишано, ако Бог не би ја имал милоста и би не́ судел во согласност со правдата, тогаш никој од нас не би можел да застане пред Него. Но Бог наоѓа прошка и прифаќање дури и за оние личности на коишто не би можело да им се прости, ако правдата би се применила на еден стриктен начин. Понатаму Бог го дал животот на Својот единствен Син за спасение на човештвото и за нивното избавување од вечната смрт. Бидејќи ние станавме Божји чеда преку нашата вера во Господа, Бог сака и ние да го искултивираме ова срце на милоста. Поради оваа причина Бог кажува во Лука 6:36, *„Бидете милостиви, исто како што и вашиот Отец е милостив."*

Оваа милост е нешто слична на љубовта, но воедно е и различна во многу различни начини. Духовната љубов значи да бидете способни да се жртвувате себеси за другите луѓе, без да барате нешто за возврат, додека милоста претставува нешто што е повеќе како проштевање и прифаќање. Имено, тоа значи да се биде способен да се прифати и прегрне сѐ што се однесува на некоја личност, не можејќи да покажеме непријатни чувства или омраза кон неа, иако можеби таа личност воопшто не е вредна да ѝ се покаже љубов. Вие тогаш ќе можете да не чувствувате омраза или да избегнувате некоја личност, само заради тоа што нејзините ставови се различни од вашите, туку напротив ќе можете на таквата личност да ѝ претставувате сила и утеха. Ако во себе го поседувате топлото срце коешто може да ги прифати сите луѓе, тогаш нема да им ги откривате недостатоците или беззаконијата, туку ќе се обидувате да ги прикриете и да ги прифатите луѓето такви какви што се, за потоа да можете да изградите една убава пријателска врска со нив.

Во минатото се има случено еден настан којшто јасно и живописно ни го прикажува ваквото срце на милоста. Во една прилика, Исус цела ноќ се молел на Елеонската Гора и утрото се вратил во Храмот. Голема толпа на луѓе се насобрала и седнала долу, а потоа се слушнала некаква мешаница и врева додека Тој го проповедал Словото Божјо. Во храмот се појавиле некои книжници и Фарисеи, коишто со себе довеле една жена и ја поставиле пред Исуса. Жената се тресела од страв.

Тие му кажале на Исуса дека жената била фатена во чинот на прељуба и го прашале што би требало да ѝ направат, бидејќи Законот наложувал жените за такво нешто требало да бидат каменувани до смрт. Ако Исус им кажел да ја каменуваат, тоа не би било во согласност со Неговите проповеди и учења, коишто наложувале, "Сакајте ги и вашите непријатели." Но од друга страна пак, ако им кажел да ѝ простат, тогаш тоа би било прекршување на Законот. Се чини дека Исус се нашол во една тешка ситуација. Тогаш Исус само напишал нешто на земјата и ги изрекол зборовите коишто се запишани во Јован 8:7, *"Оној меѓу вас, кој што е без грев, прв нека фрли камен на неа."* Луѓето почувствувале грижа на совеста и полека, еден по еден, се разотишле. На крајот на местото останале само Исус и жената.

Во Јован 8:11 Исус ѝ кажал на неа, *"Ниту Јас не те осудувам. Оди си и немој повеќе да грешиш."* Кажувајќи, "Ниту Јас не те осудувам," значело дека ѝ простева. Исус ѝ простил на жената на којашто не можело да ѝ се прости и ѝ дал шанса да се одврати од своите гревови. Тоа го претставува срцето на милоста.

Потребата да се поседува срцето и делата како кај Господа

Милоста значи навистина да им простиме и да ги сакаме дури и своите непријатели. Исто како што една мајка се грижи за своето новородено бебе, исто така и ние би требале да ја прифатиме и прегрнеме секоја личност. Дури и кога луѓето имаат некои големи мани или кога имаат извршено некои смртни гревови, ние би требале да ја чувствуваме милоста за нив, отколку да им судиме и да ги осудуваме. Ние тогаш би ги мразеле гревовите, а не самите грешници; би ги сваќале луѓето и би се обидувале да им помогнеме да живеат.

Да претпоставиме дека едно дете има нежно тело и дека многу често се разболува. Како ли тогаш неговата мајка би се чуствувала? Таа не би се прашувала зошто детето било така родено и зошто ѝ задава толку многу грижи. Таа не би го мразела детето поради тоа. Дури таа би имала уште повеќе љубов и сочувство кон детето, отколку кон другите деца кои што се здрави.

Еднаш една мајка имала син кој што бил ментално ретардиран. Сé до неговата дваесет годишна возраст, тој ја имал менталната возраст на две годишно дете, па мајка му не можела а да не го гледа постојано. Но сепак, таа никогаш не помислила дека ѝ е тешко да се грижи за својот син. Таа единствено чувствувала симпатии и сочуство кон својот син, додека се грижела за него. Ако успееме во целост да го понесеме ваквиот плод на милоста, тогаш ние ќе ја имаме милоста не само за нашите сопствени чеда, туку и за секоја друга личност на светот.

Исус го проповедал евангелието на Кралството Небесно, додека го извршувал Своето јавно свештенствување тука на земјата. Главната негова публика не биле богатите и моќните луѓе; туку оние кои што биле сиромашни, запоставени или оние кои што биле сметани за грешници од другите луѓе, како што биле собирачите на порез или блудниците.

Истото се случило кога Исус ги избирал Своите ученици. Луѓето можеби ќе си помислат дека би било помудро да се изберат ученици следбеници, кои што веќе детално се имаат запознаено со Законот на Бога, бидејќи би му било многу полесно да ги научи на Словото Божјо. Но Исус не ги избрал таквите луѓе. Тој ги избрал за свои ученици Матеја, кој што бил собирач на порез; и Петар, Андреј, Јаков и Јован, кои што биле рибари.

Исус ги лекувал луѓето од најразлични болести. Еднаш Тој излекувал една личност којашто била болна веќе триесет и осум години и којашто чекала да дојде брануењето на водите во базенот во Витезда. Тој чуствувал болки без надеж за живот, но никој не му обрнувал внимание. Но Исус му пришол и го прашал, „Сакаш ли да оздравиш?" и го излекувал.

Исус исто така излекувал и една жена која што веќе дванаесет години имала крварење. Тој му ги отворил очите на Вартимеј, кој што бил слеп питач (Матеј 9:20-22; Марко 10:46-52). На својот пат кон градот наречен Наин, видел една вдовица чиј син единец умрел. Тој почуствувал сочуство кон нејзината болка и го оживеал нејзиниот син (Лука 7:11-15). Како дополнение на сето ова, Тој се грижел за сите оние кои што биле угнетувани. Станал пријател на запоставените, како што биле порезниците и грешниците.

Некои луѓе го критикувале заради тоа што го седнувал да јаде на трпеза заедно со грешниците, кажувајќи, *„Зошто вашиот учител јаде со митници и грешници?"* (Матеј 9:11). Но Исус, кога го чул сето тоа им кажал, *„Здравите немаат потреба за лекар, туку оние кои што се болни. Одете и научете што значи: 'Милост сакам, а не жртва,' затоа што не сум дојден да ги повикам праведните, туку грешниците на покајание"* (Матеј 9:12-13). Тој не поучува за срцето на милосрдието и сочувството за оние кои што се грешни и болни.

Исус не бил дојден само заради богатите и праведните, туку првостепено заради сирмашните и болните, и за грешниците. Ние можеме бргу да го принесеме плодот на милоста кога ќе го понесеме ваквото срце и делата на Исуса. Ајде да разгледаме што би требало да направиме за да го понесеме плодот на милоста.

Отфлањето на предрасудите за да се има љубезноста

Световните луѓе многу често судат за луѓето базирајќи се на нивниот надворешен изглед. Нивните однесувања кон луѓето се менуваат во зависност од тоа дали ги гледаат луѓето како богати и познати. Божјите чеда не смеат да ги оценуваат луѓето во зависност од нивниот надворешен изглед или да си го менуваат односот во срцето поради имиџот на луѓето. Она што би требало вистинските чеда Божји да направат е да ги сметаат дури и малите деца и оние кои што изгледаат инфериорно, за подобри од нив и да се трудат да им служат, носејќи го во себе срцето на Господа.

Јаков 2:1-4 гласи, *„Браќа мои, не држете ја верата во нашиот прославен Господ Исус Христос преку односот на личната пристрасност. Затоа што ако некој човек дојде во собранието ваше носејќи златен прстен и облечен во убава облека, а исто влезе и некој сиромав во валкани роби, и вие му оддадете специјално внимание на оној кој што носи убава облека, и кажете, 'Ти седни тука на доброто место,' а на сиромавиот му кажете, 'Ти застани таму, или седни кај подножјето,' веќе сте направиле разлика и сте извршиле судење поведено од злите мисли?"*

Исто така во 1 Петар 1:17 се кажува, *„Ако му се обратите на Отецот Единствениот кој што непристрасно суди во согласност со делата на секој човек, живејте со страв за време на вашиот престој тука на земјата."*

Ако го понесеме во себе плодот на милоста, тогаш ние нема да им судиме или да ги осудуваме другите луѓе, во зависност од нивниот надворешен изглед. Би требало исто така да се преиспитаме дали во нас имаме ниво на предрасуди или фаворитизам, во духовна смисла на зборот. Некои луѓе се спори во сваќањето на духовните нешта. Некои други пак ги имаат во себе недостатоците и слабостите на телесното, па така може да се случи да кажат или направат нешто кое што ќе биде надвор од контекстот во некои одредени ситуации. А некои други пак делуваат на начинот којшто не е во согласност со начините на Господа.

Ако ги видите или стапите во контакт со таквите луѓе, нели се чувствувате фрустрирано на некој начин? Дали не ви се случило да погледнете на нив од висина и да се обидете да го избегнете контактот со нив? Дали сте предизвикале непријатни чувства на срам кај луѓето користејќи ги вашите агресивни зборови или нељубезно однесување?

Исто така, некои луѓе се однесуваат како да се судии, зборувајќи за другите личности. Во случката кога жената прељубница била доведена пред Исуса, голем број на луѓе ги подигнале прстите кон неа, во актот на судење и осуда. Но Исус не ја осудил туку ѝ ја пружил можноста за спасение. Ако во себе го поседувате таквото срце на милоста, тогаш ќе можете да го имате сочувството за оние кои што ги примаат казните за своите гревови и ќе се надевате дека ќе ги надминат и ќе се покајат во целост.

Милоста за оние кои што поминуваат низ тешкотии

Ако сме милосрдни, тогаш ќе ја имаме сомилоста кон оние кои што поминуваат низ тешкотии и ќе уживаме во тоа да им помогнеме. Тогаш нема само да чувствуваме жалење кон нив, кажувајќи им, „Бидете храбри и силни!" преку нашите усни, туку ќе се трудиме да им пружиме вистинска помош во нивната тешка ситуација.

1 Јован 3:17-18 кажува, „*А ако некој има световни блага и го види брата си во немаштина, па ги затвори очите свои за него, како ли ќе може љубовта Божја да пребива во него? Чеда мои, да не се сакаме само преку зборови и јазик, туку преку дела и вистината.*" Исто така, Јаков 2:15-16 кажува, „*Ако некој брат или сестра немаат облека и се гладни, и некој од вас им каже, 'Одете си во мир, грејте се и наситете се,' а не им го даде она што им е потребно за телото, каква е тогаш ползата од сето тоа?*"

Не би требало да помислите, 'Жалосно е што тој гладува, но јас не можам навистина ништо да направам во врска со тоа, бидејќи и јас самиот немам доволно ниту за себе.' Ако навистина ви е жал во вашето вистинито срце, тогаш вие би го споделиле вашиот оброк со него или дури и би му го отстапиле на својот брат. Ако некој си мисли дека неговата ситуација не му дозволува да им помага на другите, тогаш е најверојатно дека таквата личност нема да им помага на луѓето дури и да се обогати.

Ова не се однесува само на некои материјални нешта. Ако видите некого кој што страда од некој проблем во својот живот, вие би требало да му помогнете и со поддршката и со слушањето за неговиот проблем, споделувајќи ја болката со него. Ете тоа е вистинската милост. Посебно би требало да се грижите за оние личности кои што паѓаат во Пеколот заради нивното неверување во Господа. Би требало да се обидете најдобро што можете, да ги поведете кон патот на спасението.

Во Централната Манмин Црква, уште од самото нејзино

отварање, се случуваа најразлични дела на Божјата сила. Но јас сепак сеуште се молам за уште поголема сила и си го посветив целиот свој живот кон манифестирањето на таа сила. Тоа се должи на фактот што и јас самиот, во животот имам страдано од сиромаштија и во целост ја имам искусено болката на губењето надеж, поради болестите коишто ги имав. Кога ќе ги видам таквите луѓе кои што страдаат од вакви проблеми, јас навистина сочувствувам со нив, чувствувајќи ја нивната болка како своја, и посакувам да им помогнам на најдобриот можен начин.

Мојата желба е да им ги решам прблемите и да ги спасам од казните во Пеколот, водејќи ги кон патот за Небесата. Но како би можел да им помогнам на толку многу луѓе? Одговорот што го добив на ова прашање гласеше дека тоа е преку силата Божја. Иако не можам да им помогнам на сите луѓе да си ги решат своите проблеми на сиромаштијата, болестите или некои други нешта, она што можам да го направам е да им помогнам да го сретнат и искусат Бога. Затоа се обидувам да ја манифестирам големата сила Божја, за што поголем број на луѓе да го сретне и исуси Бога.

Се разбира дека покажувањето на силата не значи и комплетирање на процесот на спасението. Иако луѓето се здобиваат со верата кога ги гледаат ваквите дела на силата Божја, мораме да се грижиме за нив и во физичка и во духовна смисла, сé додека не застанат цврсто на нозете на верата. Тоа е причината зошто правев сé што е во мојата моќ за да им доставам помош на оние кои што ја имаат потребата за тоа, дури и во времињата кога нашата црква и самата се соочуваше со финансиски тешкотии. Сето тоа беше направено заради тоа тие да можат да маршираат кон Небесата со повеќе сила во себе. Изреки 19:17 кажува, *„Кој е дарежлив кон сиромавиот, заем му дава и на ГОСПОДА, кој што ќе му се оддолжи за неговите добри дела."* Ако се погрижите за душите носејќи го во себе срцето на Господа, тогаш Бог сигурно ќе ви се оддолжи преку Неговите благослови.

Немојте лесно да укажувате на туѓите недостатоци

Ако некого сакаме, понекогаш на таа личност ѝ кажуваме совети или прекори. Ако родителите не ги прекоруваат своите чеда заради тоа што ги сакаат, тогаш децата би станале размазени. Но ако во себе ја поседуваме милоста, тогаш нема така лесно да казнуваме, прекоруваме или укажуваме на недостатоците кај другите луѓе. Кога едноставно ќе го изречеме советот упатен кон некого, ние тоа го правиме преку силниот ум и грижа за срцето на таа личност. Изреки 12:18 гласи, *„Празнословецот ранува како меч, додека јазикот на мудрите исцелува."* Пасторите и водачите кои што ги поучуваат луѓето, посебно мораат да ги запаметат овие зборови.

Можете лесно да кажете, „Вие имате невистинито срце во вас, кое што не му е угодно на Бога. Ги имате тие и тие недостатоци и другите луѓе не ве сакаат поради тоа." Дури и да е точно тоа што го кажувате, ако укажете на недостатоците во рамките на вашата самоправедност или мисловни рамки, без љубов, сето тоа нема да изроди живот. Луѓето нема да се изменат како резултат на вашиот совет, всушност нивните чувства ќе им бидат повредени и тие лесно ќе се обесхрабрат и ќе ја изгубат својата сила.

Понекогаш некои од црковните членови ме прашуваат да им укажам на нивните недостатоци, за да можат да ги уочат и да се изменат себеси. Па ако јас многу внимателно се обидам да кажам нешто, тие веднаш ме прекинуваат и излегуваат со некои нивни гледишта, што го прави невозможно давањето на совети. Давањето совет не е така лесна работа како што изгледа. Во тој одреден момент можеби тие ќе го прифатат советот и ќе бидат благодарни, но ако се случи да ја изгубат исполнетоста со Духот, тогаш никој не може да знае што би можело да им се случи во нивните срца.

Понекогаш бев приморан да укажам на некои нешта за да можам да го исполнам Кралството Божјо, или да им дозволам на луѓето да ги примат решенијата за своите проблеми. Тогаш внимателно го следев расположението коешто се искажуваше на нивните лица, надевајќи се дека тие нема да се почувствуваат навредени или обесхрабрени поради моето дејствие.

Се разбира, кога Исус ги прекорил Фарисеите и книжниците употребувајќи силни зборови, тие не биле во состојба да го прифатат Неговиот совет. Исус им ја дал шансата надевајќи се дека барем еден од нив ќе ги чуе Неговите зборови и ќе се покае. Тој исто така, поведен од фактот што тие биле учители меѓу луѓето, се надевал дека ќе го сватат и дека нема да бидат измамени од страна на хипокризијата. Значи дека вие морате, освен во некои специјални прилики, да не ги кажувате зборовите коишто можат да ги повредат луѓето или да им ги разоткривате на другите луѓе нивните беззаконија, едноставно поради фактот што таквото нешто може да доведе до нивно спрепнување и пад. Ако веќе морате да дадете совет, поради тоа што советот е апсолутно неопходен, тогаш морате да го сторите тоа со љубов, поставувајќи ги своите размислувања од гледна точка на другата личност, грижејќи се за нејзината душа.

Бидете великодушни кон сите луѓе

Повеќето од луѓето можат дарежливо да го дадат она што го поседуваат, до она ниво до коешто достига нивната љубов кон некого. Дури и оние кои што се скржави можат да позајмат или да даруваат подароци на другите луѓе, ако знаат дека ќе можат да добијат нешто за возврат од нив. Во Лука 6:32 е кажано, *„И ако ги сакате оние кои што вас ве сакаат, каде ви е тука корист? Бидејќи дури и грешниците ги сакаат оние кои што нив ги сакаат."* Ние ќе можеме да го понесеме плодот на милоста само тогаш кога ќе можеме да дадеме од себеси, без да сакаме ништо за возврат.

Исус уште од самиот почеток знаел дека Јуда ќе биде тој што ќе го предаде, но сепак се однесувал кон него на истиот начин, на којшто ги третирал сите други ученици. Тој постојано го ставал во ситуација која што можела да го поведе кон промената и покајанието. Дури и кога го распнувале, Исус се молел за оние кои што го правеле тоа. Лука 23:34 гласи, *„Оче, прости им; бидејќи не знаат што прават."* Ова е милоста преку којашто можеме да им простиме дури и на оние, на кои што не може да им се прости.

Во книгата Дела, можеме да прочитаме за Стефана кој што

исто така го носел овој плод на милоста. Тој не бил апостол, но бил исполнет со благодетта и силата Божја. Големи знаци и чудеса се имаат случено преку него. Оние кои што не го сакале овој факт се обидувале да имаат расправија со него, но кога тој ќе им одговорел преку мудроста Божја, во Светиот Дух, тогаш тие не можеле да му вратат со контратези. Се зборува дека луѓето кои што го виделе неговото лице кажуваат дека наликувало на ангел (Дела 6:15).

Јудејците чувствувале грижа на совеста слушајќи ги проповедите на Стефана, па затоа на крајот го однеле надвор од градот и го каменувале до смрт. Стефан дури и кога умирал се молел за оние кои што го убивале со каменувањето, кажувајќи, „*Господи,не сметај им го ова за грев!*" (Дела 7:60). Ова ни покажува дека тој во себе веќе им имал простено. Тој не носел омраза кон нив, туку во себе го носел само плодот на милоста, имајќи го сочувството за нивните души. Стефан бил во состојба да манифестира така големи дела, бидејќи го поседувал таквото големо милосрдно срце.

Колку добро го имате и вие самите искултивирано ваквото срце? Дали сеуште постои некоја личност којашто не ја сакате или не ја поднесувате? Би требало да можете да ги прифатите другите луѓе, иако нивнните карактери и гледишта не соодветствуваат со вашите. Во секое нешто прво морате да погледате на работите од нивна гледна точка. Правејќи го тоа, ќе можете лесно да ги измените чувствата на непријатност кон таквите личности.

Ако само си помислите, 'Зошто ли тој го направи тоа? Едноставно не можам да го сватам' тогаш вие единствено ќе негувате некои непријатни чувства кон таа личност, што понатаму ќе води кон тоа да се чувствувате нелагодно кога ќе ја видите таа личност. Но ако си помислите, 'Ох, го разбирам, во таквата негова позиција секако дека ќе изреагира на тој начин,' тогаш ќе можете да ги отфрлите чувствата на непријатност. Тогаш вие едноставно ќе ја имате само милоста за таквата личност, којашто не може а да не го прави тоа, плакајќи во целост за нив.

Менувајќи ги вашите мисли и чувства на овој начин, ќе можете да ја извлечете омразата од вашите срца и сите други зли чувства, едно по едно. Но ако тврдоглаво инсистирате на задржувањето на оние чувства кои што ги сакате, нема да можете да ги прифатите другите луѓе. Ниту пак ќе успеете во обидите да ги искорените омразата и другите непријатни чувства од вас. Она што треба да го направите е да ја отфрлите самоправедноста и да си ги измените мислите и чувствата, за да можете да ја прифатите секоја личност и да ѝ служите.

Особината да им се оддава чест на другите луѓе

За да можеме да го понесеме плодот на милоста, мораме да им ја оддаваме честа на другите луѓе, посебно кога нешто ќе биде направено на добар начин и би требало да можеме да ја прифатиме вината ако нешто се направи на лош начин. Кога некоја личност ќе ги добие признанијата и ќе биде пофалена иако заедно имате работено на неке дело, вие би требало да се радувате заедно со неа, како да се работи за некое ваше признание. Вие тогаш нема да имате никакви непријатни чувства во себе, не помислувајќи си дека имате работено повеќе од неа и дека таа личност во себе има доста недостатоци. Единственото нешто на коешто морате да мислите е фактот што таа личност потоа ќе има повеќе самодоверба во себе и ќе работи уште повредно по славењето од страна на луѓето.

Ако една мајка направи нешто заедно со своето чедо, а само тоа ги прими наградите за тоа, како би се чувствувала мајката? Не постои една мајка којашто би се пожалила кажувајќи дека и таа му има помогнато на своето чедо да ја направи работата на исправен начин, а не добила за тоа никаква награда. Исто така за една мајка е многу убаво да чуе дека луѓето ја сметаат за убава, но многу повеќе од тоа таа би била среќна кога би слушнала дека луѓето ја сметаат нејзината ќерка за убавица.

Ако во себе го имаме плодот на милоста, тогаш ќе можеме да поставиме некоја друга личност пред нас, оддавајќи и признание за заедничките дела. Ние тогаш ќе можеме да се радуваме заедно со таа личност, како да се работи за некои наши заслуги. Милоста е карактеристика својствена за Бога Отецот, кој што е полн со сочувство и љубов. Не само милоста, туку и сите други плодови на Светиот Дух, исто така се присутни во срцето на совршениот Бог. Љубовта, радоста, мирот, трпението и сите други плодови, претставуваат различни аспекти на Божјото срце.

Затоа да ги носиме плодовите на Светиот Дух значи да се бориме да го поседуваме срцето на Бога во нас, и да бидеме совршени онака како што и Самиот Бог е совршен. Колку повеќе успеете во созревањето на духовните плодови во вас, толку повеќе Бог нема да може да ја задржи Својата љубов за вас. Тој тогаш ќе се радува заради вас и ќе кажува дека вие сте Неговите синови и ќерки, кои што многу наликуваат на Него. Ако вие постанете чеда Божји кои што му угодуваат, ќе можете да ги примате одоговорите на сите ваши молитви, па дури и на нештата коишто ги негувате во вашите срца. Се надевам дека вие во целост ќе ги понесете плодовите на Светиот Дух во вас, угодувајќи му на Бога во сите нешта, за да можете да бидете преплавени со благослови и да ја уживате големата чест во Кралството Небесно, како чедата коишто во целост и совршено наликуваат на Бога.

Филипјаните 2:5

„Имајте ги мислите во себе,

коишто ги имал и Исус Христос."

Глава 7

Добрина

Плодот на добрината

Барајќи ја добрината во согласност со желбите на Светиот Дух

Избирајте ја добрината во сите нешта, како што тоа го правеле добрите Самарјани

Во ниедна ситуација немојте да се фалите или расправате

Трските скршени не докршувајте ги и не гаснете ги светилките кои тлеат

Силата да се следи добрината во вистината

Добрина

Една ноќ, еден млад човек облечен во излитени алишта отишол да посети една постара двојка заради земање соба под наем. Постарите луѓе се сожалиле на него и му ја издале собата под наем. Но младичот не отишол да најде работа, туку по цел ден пиел и безделничел. Обично во таквите случаи повеќето од луѓето би го исфрлиле надвор, помислувајќи си дека таквиот потстанар никогаш нема да може да си ја плати киријата. Но оваа постара двојка му давала храна одвреме навреме и го охрабрувала во проповедањето на евангелието. Младиот човек бил трогнат од нивната добрина, чувствувајќи дека го третираат како свој роден син. Затоа тој на крајот го прифатил Исуса Христа за свој спасител и станал еден нов човек во душата.

Плодот на добрината

Да се сакаат дури и запоставените или личностите отфрлени од страна на општеството, без да се откажете од нив претставува пример за добрината. Плодот на добрината не се раѓа само во срцето, туку се открива и во делувањето, како што бил случајот со постарата двојка.

Ако го носиме плодот на добрината, тогаш ќе ја оддаваме наоколу миризбата на Христа, каде и да одиме. Луѓето околу нас ќе бидат трогнати од таа наша добрина, гледајќи ги добрите дела коишто ги правиме и ќе му ја оддаваат славата на Бога.

„Добрината" го претставува квалитетот да се биде љубезен, внимателен, добросрден и полн со доблести. Во духовна смисла, сепак, таа го претставува срцето коешто ја бара добрината во Светиот Дух, кој што е добрината во вистината. Ако во целост го понесеме овој плод на добрината, тогаш ние ќе го поседуваме срцето како кај Господа, коешто е чисто и беспрекорно.

Понекогаш дури и неверниците коишто го немаат примено Светиот Дух, ја следат добрината во своите животи, до едно одредено ниво. Световните луѓе спознаваат и судат дали нешто е добро или лошо во согласност со својата совест. Ако постои отсуство на грижата на совеста, световните луѓе сметаат дека се добри и праведни. Но совеста се разликува од личност до личност. За да можеме да ја сватиме добрината којашто е плод на Духот, прво мораме да ја сватиме совеста кај луѓето.

Барајќи ја добрината во согласност со желбите на Светиот Дух

Некои од новите верници можеби некогаш ќе искажат некои свои судови за време на проповедите, коишто ќе бидат базирани во согласност со нивното сопствено знаење и совест, кажувајќи, „Таа забелешка не е во согласност со оваа научна теорија." Но како што растат во верата и го учат Словото Божјо, тие почнуваат да сваќаат дека нивните стандарди или судови не биле во право.

Совеста претставува еден стандард по којшто се распознава доброто од злото, а којшто се базира на темелите на човековата природа кај една личност. Природата на една личност зависи од видот на животната енергија којашто се раѓа во зависност од средината каде што таа личност била воспитувана. Оние деца коишто ја примиле добрата животна енергија подоцна имаат релативно добра природа во нив. Исто така, луѓето кои што биле воспитувани во една добра средина, гледајќи и слушајќи голем број на добри нешта, имаат големи шанси да формираат добра совест во нив. Од друга страна пак, ако некоја личност е родена со мнгоу зли природи наследени од своите родители и ако таа личност дојде во контакт со некои зли нешта, тогаш нејзината природа и совест најверојатно ќе станат зли.

На пример, децата кои што биле учени да бидат искрени, ќе имаат грижа на совеста кога ќе кажуваат некои лаги. Но оние деца пак, кои што израснале меѓу луѓето кои што постојано лажеле, ќе го сметаат тој чин за нешто нормално. Тие дури и воопшто не мислат кога искажуваат лаги. Воспоставената теза во нив дека е во ред да се излаже, прави да имаат сé повеќе извалкани совести со зло, до таа мерка што тие дури и немаат грижа на совеста правејќи такво нешто.

Но иако децата се воспитани од страна на исти родители, во една иста средина, тие ги прифаќаат нештата на различни начини. Некои од децата едноставно само ги почитуваат своите родители, додека други пак имаат многу силна сопствена волја и тенденција да не се покоруваат на наредбите. Па затоа, иако браќата и сестрите се одгледани од страна на исти родители, нивните совести ќе бидат формирани на различен начин.

Совеста ќе се формира на различен начин во зависност од социјалните и економските вредности изразени во средината каде што тие деца се воспитуваат. Секое општество си има свој посебен систем на вредности, па затоа стандардите коишто постоеле пред 100 или 50 години се разликуваат од оние коишто постојат денеска. На пример, кога во општеството луѓето поседувале робови, тие не размислувале дека е лошо да се тепаат робовите и да се присилуваат на работа. Исто така, пред околу 30 години, во општеството беше незамисливо и неприфатливо жените да ги покажуваат своите тела при јавни емитувања. Како што е веќе споменато, совеста станува различна во зависност со индивидуата, областа каде што живее таа индивидуа и времето во коешто живее. Оние луѓе кои што ја следат само својата совест, всушност го следат она за што тие сметаат дека е добро. Но за нив не може да се каже дека делуваат во апсолутната добрина.

Но ние верниците во Бога го имаме истиот стандард по којшто го разликуваме доброто од злото. На нас ни е дадено Словото Божјо како еден стандард. Овој стандард бил истиот и вчера, ист е денеска, а ќе биде ист и за навек. Духовната добрина значи да се поседува оваа вистина како наша совест и да се следи истата. Тоа е волјата да се следат желбите на Светиот Дух и да се бара добрината. Но со самата желба да ја следиме добрината не можеме да кажеме дека сме успеале да го изродиме плодот на добрината во нас. Кога ќе ја имаме желбата да ја следиме добрината и кога таа ќе се демонстрира и ќе биде практикувана во дело, само тогаш ќе можеме да го понесеме овој плод на добрината.

Матеј 12:35 кажува, *„Добриот човек, од доброто скровиште изнесува добро, а лошиот човек од лошото скровиште, она што е лошо."* Изреки 22:11 исто така кажува, *„Оној кој што ја сака чистотата на срцето и чиј што* *говор е благодетен, кралот е негов пријател."* Како што е споменато во горенаведените стихови, оние кои што навистина ја бараат добрината, најприродно ќе имаат добри дела коишто ќе можат да се видат. Каде и да одат и кого и да го сретнат, тие секогаш ќе ја искажуваат благодетта и љубовта преку добрите зборови и дела. Исто како и личноста којашто на себе има испрскано некој парфем, исто така и тие кои што во себе ја имаат добрината, ќе ја оддаваат миризбата на Христа, околу нив.

Некои луѓе копнеат да го искултивираат доброто срце во нив, па затоа ги следат духовните личности и сакаат да изградат пријателство со нив. Тие уживаат во слушањето и учењето на вистината. Таквите личности се лесно трогливи и склони на леење солзи. Но не можат да го искултивираат срцето на добрината бидејќи во себе го носат копнежот за тоа. Ако чујат и научат нешто, тие веднаш сакаат да го искултивираат во своите срца и вистински да го практицираат тоа. На пример, ако вашето барање да бидете во друштвото на добрите луѓе, а при тоа се обидувате да ги избегнете оние кои што тоа не се, дали тоа навистина значи дека вие копнеете за добрината?

Постојат некои нешта коишто можеме да ги научиме дури и од оние луѓе кои што не се навистина добри. Иако можеби нема ништо што би можеле да научите од нив самите, сепак ќе примите добра лекција гледајќи на нивните животи. Ако некој има незгоден карактер, тогаш од него можете да научите дека таквите личности често влегуваат во караници и расправии со другите луѓе. Преку ваквата опсервација можете да научите зошто не смеете да го имате таквиот карактер. Ако сте постојано во друштво само со оние кои што се добри, тогаш ќе ја немате можноста преку релативноста на нештата коишто ќе ги чуете или видите, да научите и сватите некои нешта. Од сите луѓе постојат некои нешта коишто можат да не поучат на нешто. Можеби ќе си помислите дека копнеете по добрината и дека учите и сваќате многу нешта во животот, но морате постојано да се проверувате себеси дали ви недостасуваат вистински дела или натрупувањето на добрината во вашите срца.

Избирајте ја добрината во сите нешта, како што тоа го правеле добрите Самарјани

Од сега па натаму, ајде многу подетално да разгледаме што навистина значи духовната добрина и на тоа која е целта на добрината во вистината и во Светиот Дух. Всушност духовната добрина претставува еден многу поширок концепт. Божјата природа е добрина, а добрината е вградена насекаде низ Библијата. Но стихот преку којшто можеме добро да ја почувствуваме аромата на добрината е во Филипјаните 2:1-4:

> И така, ако постои некакво охрабрување во Христа, ако постои било каква утеха во љубовта, ако постои било какво заедништво со Духот, ако некоја нежност и сочувство ја прават мојата радост целосна со тоа што се од ист ум, тие ја одржуваат истата љубов, обединети во духот, со една единствена намера и цел. Не правете ништо поведени од себичноста или празната суета, туку

преку смирението на умот сметајте се еден со друг за поважни од самите себе; не гледајте само на вашиот сопствен личен интерес, туку и на интересот на другите луѓе.

Личноста која што ја има изродено духовната добрина во себе ја бара добрината во Господа, па затоа ќе може да ги поддржи дури и делата со коишто не се согласува. Таквата личност е скромна по природа и нема никакво чувство на суета којашто се препознава или открива кај неа. Иако другите луѓе не се толку богати или интелегентни како неа, таа од сѐ срце ќе може да покажува респект кон нив и ќе може да стане нивен вистински пријател.

Иако на пример, луѓето без причина ѝ создаваат тешкотии, таа сепак со љубов ќе ги прифаќа и сака. Таа понизно ќе им служи на луѓето, што ќе и овозможи да има мир со секоја личност. Таквата личност не само што верно ќе си ги исполнува своите обврски, туку исто така и ќе се грижи и за задачите на другите луѓе. Во Лука, глава 10, можеме да ја прочитаме параболата за Добриот Самарјанин.

Еден човек бил ограбен додека патувал од Ерусалим до Ерихон. Ограбувачите му ја соблекле и облеката и го оставиле да лежи полумртов. Еден свештеник кој што поминувал оттука го видел како умира, но само си продолжил по својот пат. Еден Левитин исто така го видел, но и тој си продолжил по својот пат. Свештениците и Левитите се луѓе кои што го познаваат Словото Божјо и кои што му служат на Бога. Тие го познаваат Законот подобро од сите други луѓе. Често се гордеат со своето знаење и со тоа колку добро му служат на Бога.

Кога требало да ја следат волјата на Бога, тие не ги покажале делата коишто требало да ги направат. Се разбира дека тие можеле да најдат причини зошто не сакале да му помогнат. Но ако во себе ја имале добрината, тие не би можеле туку така да игнорираат некоја личност која што била во очајна потреба за нивната помош.

Подоцна, Самарјанинот поминал покрај него и го видел човекот кој што бил ограбен како лежи покрај патот. Тој почувствувал сочувство кон него и му ги преврзал раните. Тој го ставил на своето осле и го однел во анот, каде што го замолил чуварот да се погрижи за него. Следниот ден тој му дал на чуварот два денарија, со ветување дека кога ќе се врати ќе доплати сè што дополнително ќе треба да се плати за неговото лекување.

Ако Самарјанинот имал во себе некои себични мисли, не би имал никаква причина да го направи тоа што го направил. Тој исто така бил многу зафатен со својата работа, и исто како и другите луѓе можел да претрпи загуби во време и пари затоа што се замешал во случајот со еден потполно непознат странец. Тој исто така можел само да му пружи прва помош на странецот, но не морал да го замолува чуварот од анот да се грижи за него, ветувајќи дека ќе ја плати секоја дополнителна сметка за неговото лекување.

Но бидејќи во себе ја имал добрината, тој не можел едноставно само да ја игнорира личноста која што била на умирање. Иако знаел дека ќе претрпи загуби во време и пари, и покрај фактот што бил доста зафатен, тој не можел едноставно да не ѝ помогне на личноста која што имала очајна потреба за неговата помош. Кога не бил во можност да продолжи да се грижи за оваа личност самиот, тој тогаш замолил друга личност да го стори тоа наместо неа. Ако и тој како и другите едноставно само си продолжел по својот пат, не осврнувајќи се на личноста која што имала потреба за помош, Самарјанинот најверојатно подоцна би го носел товарот предизвикан од оваа случка, во своето срце.

Тој тогаш најверојатно постојано би се прашувал себеси и би се окривувал, помислувајќи си, 'Се прашувам што му се има случено на човекот што беше повреден. Требаше да му помогнам без разлика што можеби ќе претрпев штета. Бог ме посматраше а јас го сторив тоа?' Духовната добрина значи да имаме тешкотии ако не го избереме патот на добрината. Дури и со чувството дека некој можеби сака да не измами, ако ја поседуваме духовната добрина, ние ќе ја избереме добрината во сите нешта.

Во ниедна ситуација немојте да се фалите или расправате

Еден друг стих којшто ни овозможува да ја почувствуваме добрината се наоѓа во Матеј 12:19-20. Стихот 19 гласи, *"Нема да се кара, ниту да вика; и никој нема да го чуе гласот Негов по улиците."* Следи стихот 20 којшто гласи, *"Трските прекршени Тој нема да ги докрши, ниту запалените светила ќе ги изгасне, додека не го изведе судот кон победата."*

Тука се зборува за духовната добрина на Исуса. За време на Неговото свештенствување, Исус немал никакви проблеми, ниту караници со било кого. Уште од самото детство Тој единствено му се повинувал на Словото Божјо и за време на Неговото свештенствување, Тој правел само добри нешта, проповедајќи го евангелието за Кралството Небесно, лекувајќи ги болните. Сепак, злите луѓе постојано го ставале на тест, обидувајќи се низ многу зборови да доведат до Неговата смрт.

Исус секогаш ги знаел нивните зли намери, но никогаш не почувствувал омраза кон нив. Тој единствено се трудел да им ја соопшти вистинската волја на Бога. Кога луѓето не покажувале дека и малку ја сваќаат таа волја Божја, Тој не се расправал со нив, туку едноставно ги избегнувал. Дури и за време испитувањето пред Неговото распетие, Тој не се расправал, ниту карал со луѓето.

Откако ќе го поминеме нивото на почетник во нашата Христијанска вера, до некоја мера го учиме и Словото Божјо. Веќе не го подигаме гласот или покажуваме лошо расположение поради тоа што не се согласуваме со останатите луѓе. Но да се караме не значи само да го повишиме нашиот глас. Ако во себе имаме некои непријатни чувства во врска со некои несогласувања со други личности, тоа ја изразува караницата. Таа ситуација ја нарекуваме караница поради тоа што доаѓа до прекршување на срцето кај човекот.

Ако постои караница во срцето, таа може да предизвика лаги во рамките на една личност. Сето тоа не се должи на фактот што некој ни создава потешкотии. Не е поради тоа што некој делува на начинот којшто ние го сметаме за исправен. Тоа е заради фактот што нашите срца се претесни да ги прифатат таквите личности, и поради тоа што во себе ја имаме мисловната рамка којашто не става во судирна точка со многу нешта.

Парче мек памук не може да направи никаква бука ако биде удрен со некој предмет. Дури и да протресеме една чаша во којашто се наоѓа чиста вода, таа сепак ќе остане чиста. Истото важи и за човечкото срце. Ако се случи да дојде до прекршување на умот и до носење на некои непријатни чувства, во некоја одредена ситуација, тоа е поради фактот што некое зло е сеуште присутно во срцето.

Кажано е дека Исус никогаш не викнал, тогаш што би била причината поради којашто другите луѓе викаат? Сето тоа се должи на фактот што луѓето многу сакаат да се прават важни и да се фалат себеси. Луѓето викаат поради тоа што сакаат да бидат признати од страна на другите и да бидат служени од нив.

Исус манифестирал толку големи и силни дела, како што е на пример оживувањето на мртвите и отворањето на очите на слепите луѓе. Но сепак тој бил мошне скромен човек. Понатаму, дури и кога луѓето му се подбивале додека бил обесен на крстот, Тој единствено ѝ се повинувал на Божјата волја сѐ до крајот, бидејќи немал намера да открие кој Тој всушност е (Филипјаните 2:5-8). Исто така е кажано дека никој не можел да го чуе Неговиот глас по улиците. Сето тоа ни укажува дека Неговите манири биле совршени. Тој бил совршен во Неговото однесување, поднесување и начин на говорење. Екстремната Негова добрина, скромност и духовна љубов, коишто се наоѓале длабоко во Неговото срце, исто така и надворешно се манифестирале.

Ако во себе го носиме плодот на духовната добрина, тогаш

нема да имаме никакви конфликти или проблеми со никого, на истиот начин на којшто и Господ никогаш немал такво нешто. Никогаш не би зборувале за грешките или недостатоците на другите луѓе, не би се обидувале да се фалиме себеси или да се воздигнуваме пред другите луѓе. Дури и да сме подложени на страдања без причина, никогаш нема да се пожалиме поради тоа.

Трските скршени не докршувајте ги и не гаснете ги светилките кои тлеат

Кога негуваме некое дрво или некое растение, ако тие имаат издраскани ливчиња или гранки, обично ние ги поткаструваме. Исто така, кога фитилот од светилката тлее, светлоста не е сјајна и оддава испарувања и чад. Па така луѓето едноставно го гаснат. Но луѓето кои што во себе ја поседуваат духовната добрина никогаш нема да ги 'докршат искрените трски, ниту да ги изгаснат светилките кои тлеат'. Ако постои макар и најмала шанса за обнова, тие нема да го прекинат животот и ќе се обидат да го отворат патот на животот за другите луѓе.

На ова место, 'искршената трска' се однесува на оние души кои што се исполнети со гревовите и злото од овој свет. Тлеечкиот фитил кај светилките ги симболизира оние луѓе чиишто срца толку се извалкани со зло, што светлината на нивните души веќе е на умирање. Многу е веројатно дека ваквите луѓе кои што наликуваат на искршените трски или на тлеечките фитили кај светилките, никогаш нема да го прифатат Господа. Иако веруваат во Бога, нивните дела не се разликуваат од оние кај световните луѓе. Во некои прилики тие дури и зборуваат против Светиот Дух или пак застануваат против Бога. Во времето на Исуса, постоеле многу луѓе кои што не верувале во Него. Иако ги виделе вчудоневидувачките дела на силата, тие сепак застанале против делата на Светиот Дух. Сепак, Исус ги погледнувал со вера и надеж дека тие на крајот сепак ќе го примат спасението.

Денес дури и во црквите постојат многу луѓе кои што наликуваат на искршените трски и на фитилот од светилката што тлее. Тие повикуваат, 'Господи, Господи' преку своите усни, но со животот во гревот. Некои од нив дури и се осудуваат да застанат и против Бога. Поради својата слаба вера, тие се препнуваат поради искушенијата и престануваат да ја посетуваат богослужбата во црквата. По правењето на нештата коишто се сметаат за зли во црквата, тие се чувствуваат толку многу засрамени, што поради тоа ја напуштаат црквата. Ако во себе ја имаме добрината, тогаш ние мораме први да ја подадеме раката кон нив.

Некои луѓе сакаат да бидат сакани и признаени во црквата, но ако таквото нешто не се случи, тогаш злото коешто се наоѓа во нив излегува и преовладува. Тие им стануваат љубоморни на оние кои што се сакани од страна на црковните членови и на оние кои што се напреднати во духот, па почнуваат да зборуваат лоши работи за нив. Во нивните срца не се спремни да одработат некоја одредена работа, ако таа не е иницирана од нивна страна, па дури и се трудат да најдат некои грешки во тие работи.

Дури и во таквите случаи, оние луѓе кои што во себе го

имаат плодот на духовната добрина, ќе ги прифатат и луѓето кои што дозволиле злото да излезе и да преовлада со нив. Тие дури и не се обидуваат да направат разлика кој е во право и кој е во криво, или што било добро а што лошо, за потоа да ги потиснат таквите луѓе. Тие ги допираат срцата на луѓето, третирајќи ги со добрината којашто доаѓа од вистинитото срце.

Некои луѓе ме замолија да им го откријам идентитетот на оние личности кои што ја посетуваат црквата со некои скриени мотиви. Тие ми кажуваа дека на тој начин црковите членови нема да можат да бидат измамени и таквите личности веќе никогаш нема да можат да доаѓаат во црквата. Да, откривањето на нивниот идентитет можеби ќе допринесе во прочистувањето на црквата, но колкав срам тоа би им донело на членовите на нивните фамилии, или на оние кои што ги довеле во црквата? Ако ги плевиме црковните членови поради некои причини, тогаш во црквата не би останале многу членови. Должност е на црквата да ги измени дури и злите луѓе и да ги поведе кон Кралството Небесно.

Се разбира дека некои луѓе ќе продолжат во зголемувањето на злото во себе и дека со текот на времето ќе паднат на патот кон смртта, иако ние сме покажувале само добрина кон нив. Но дури и во таквите случаи мораме да се трудиме да не си поставиме некои ограничувања на трпението и да ги заборавиме ваквите личности, па дури и да ги прекорачат ограничувањата коишто ги имаме. Во тоа се гледа духовната добрина, кога се обидуваме да им дозволиме да го побараат духовниот живот, не откажувајќи се од нив сѐ до самиот крај.

Пченицата и каколот се слични помеѓу себе, но каколот е празен одвнатре. По жетвата земјоделецот ќе го собере житото во амбар, а ќе го изгори плевелот со оган. Или пак може да одлучи да го искористи каколот како ѓубриво за нивата. И во црквата постои жито и какол исто така. Однадвор секој може да наликува на верник, но постои житото кое што му се покорува на Словото Божјо, а постои и каколот кој што го следи злото.

Но исто како што земјоделецот чека сѐ до жетвата, исто и Богот на љубовта ги чека оние кои што наликуваат на каколот, да се изменат пред да дојде крајот. Сѐ до доаѓањето на последниот ден, мораме да ѝ ја дадеме шансата на секоја душа да биде спасена и да гледаме на секого со очите на верата, додека ја култивираме духовната добрина во нас.

Силата да се следи добрината во вистината

Можеби ќе почувствувате конфузност во врска со тоа како духовната добрина може да биде издиференцирана од другите духовни карактеристики. Имено, во параболата за Добриот Самрајанин, неговото дело може да биде опишано како добротворно и милостиво; па ако не се расправаме и не го повишуваме гласот, тогаш ќе можеме да бидеме во мир и смиреност. Па тогаш дали сите овие нешта се вклучени во карактерот на духовната добрина?

Се разбира, љубовта, добротворноста на срцето, милоста, мирот и смерноста, сите тие припаѓаат во рамките на добрината. Како што претходно е споменато, добрината е природата на Бога, а тоа означува еден широк концепт. Но дистинктивниот аспект на духовната добрина е всушност желбата да се следи таквата добрина и силата таа да се примени и во практика. Фокусот тука не е ставен на милоста или жалењето на другите луѓе, или самиот акт на помагање. Фокусот тука е на добрината поради која што Самарјанинот не можел туку така да помине покрај човекот кој што имал потреба за помош и за кој што требало да покаже милост.

Исто така, немањето караници и не искажувањето е дел од тоа да се биде скромен. Но карактерот на духовната добрина во овие случаеви е во тоа што не можеме да го прекршиме мирот, токму поради тоа што ја следиме оваа духовна добрина. Значи дека наместо да сакаме да извикнеме понесени со желбата за да бидеме препознаени, ние сакаме да бидеме смирени и понизни, бидејќи ја следиме добрината.

Кога сте верни и ако во себе го имате и плодот на добрината, тогаш вие ќе бидете верни во сè а не само во едно нешто, туку ќе бидете верни во сиот Божји дом. Ако запоставите било кои од своите должности, тогаш може да се случи некој да страда поради вашето такво делување. Божјото Кралство можеби нема да биде исполнето онака како што треба да биде. Па така, ако во себе ја имате добрината, вие нема да се чувствувате пријатно во врска со таквите нешта. Вие не можете туку така да ги запоставите своите должности, па затоа морате да се обидувате да бидете верни во сиот Божји дом. Можете да го примените овој принцип на сите други карактеристики на духот.

Оние луѓе кои што се зли во срцата, ќе се чувствуваат некомфорно ако и не делуваат во зло. Сè до она ниво до коешто се зли, тие ќе се чувствуваат добро откако ќе оддадат од себе токму толку зло. За оние луѓе кои што го имаат обичајот да ги прекинуваат говорите на другите луѓе, значи дека не можат да се контролираат себеси и не можат да запрат додека не го направат тоа. Иако со таквиот чин ќе им ги повредат чувствата на другите луѓе или ќе им создадат тешкотии, тие сепак не можат да најдат мир во себе, сé додека не го направат таквото нешто. Сепак, ако само се обидат да запаметат и да ја отфрлат оваа лоша навика и однесување кон другите луѓе, кои што не се во согласност со Словото Божјо, тогаш ќе бидат во можност да отфрлат повеќето од лошите навики кои што ги имаат. Но ако не продолжат во своите обиди и се откажат, тие ќе останат исти како личности, дури и по десет или дваесет години.

Но кај луѓето на добрината сето тоа е сосем спротивно. Ако не ја следат добрината, тие ќе се почувствуваат полошо отколку да претрпеле некоја штета и нивните мисли постојано ќе бидат насочени кон тоа. Таквите луѓе дури и да претрпат некои загуби, никогаш нема да посакаат да им наштетат на другите луѓе. Дури и да сметаат дека сето тоа не соодветствува со ситуацијата, сепак нема да ги прекршат правилата.

Можеме да го почувствуваме ваквото срце кај Павле, кога тој кажал дека ја има верата да може да јаде месо, но ако тоа би предизвикало некоја личност да се сопне на својот пат кон Бога, тој никогаш не би посакал да изеде парче месо, потсетувајќи се на тој факт. На истиот тој начин луѓето на добрината, ако почувствуваат дека нивните дела можат да предизвикаат нелагодност кај другите луѓе, тие тогаш повеќе би сакале да не ги прават таквите нешта, иако можеби би им донеле задоволство, и би биле спремни за доброто на другите, да се откажат од нив. Тие никогаш не би направиле нешто коешто би ги засрамило другите луѓе; и никогаш не би направиле нешто што би предизвикало жалење на Светиот Дух во нив.

Значи дека ако ја следите добрината во сите нешта, ќе го понесете плодот на духовната добрина. Ако го понесете плодот на духовната добрина, вие тогаш ќе го имате однесувањето коешто е исто како и кај Господа. Никогаш нема да направите ништо што би направило некоја личност да се сепне на својот пат во верата. Кај вас и однадвор ќе се огледа добрината и скромноста. Ќе уживате почит поради тоа што ќе наликувате на Господа, и вашето однесување и јазик ќе бидат совршени. Ќе зрачите со убавина и добрина во очите на сите луѓе, оддавајќи ја миризбата на Христа.

Матеј 5:15-16 кажува, „...ниту пак светило се пали и става под поклоп, туку се става на свеќник за да им свети на сите во куќата. Така треба да свети пред луѓето и вашата светлина, за тие да можат да ги видат вашите добри дела, и да го прославуваат вашиот Отец, кој што е на Небесата." Исто така и 2 Коринтјаните 2:15 гласи, „Затоа што ние сме миризбата на Христа пред Бога, за оние кои што се спасуваат и за оние кои што гинат." Затоа се надевам дека ќе му ја оддавате славата на Бога во сите нешта, бргу понесувајќи го плодот на духовната добрина и ќе му ја оддавате миризбата на Христа на светот околу вас.

Броеви 12:7-8

„Тој е верен на целиот Мој дом;

Со него зборувам уста со уста, отворено,

не преку гатање,

И тој се угледа на ГОСПОДОВИОТ облик."

Против Таквите Нешта Не Постои Закон

Глава 8

Верност

За да ни биде признаена верноста
Правете повеќе од работата што ви е доделена
Бидете верни во вистината
Работете во согласност со волјата на господарот
Бидете верни во сиот Божји дом
Верноста за Божјото Кралство и праведноста

Верност

Еден човек се припремал да отиде на пат во некоја туѓа земја. Додека ќе биде на пат, некој морал да се грижи за неговиот имот, па тој им ја доверил оваа работа на своите тројца слуги. Во согласност со нивниот капацитет и способност, тој на секого од нив му дал пари, на првиот еден талант, на вториот два, а на третиот пет таланти. Слугата којшто примил пет таланти се занимавал со трговија и направил додатни пет таланти за својот господар. Слугата на којшто му биле дадени два таланта, исто така заработил уште два таланта. А оној којшто примил само еден талант, го закопал во земјата и не направил никаков профит од него.

Господарот ги пофалил слугите коишто заработиле дополнителни пет и два таланти и им дал награди за нивниот труд, кажувајќи им, *„Добро сработено, добар и верен робе"* (Матеј 25:21). Но го прекорил слугата којшто само го закопал талантот којшто му бил даден, кажувајќи му, *„Грешен и мрзелив слуго"* (с. 26).

Бог исто така ни дава многу најразлични задолженија, во согласност со нашите таленти, за да можеме да ја работиме работата за Него. Ние единствено ќе можеме да бидеме препознаени како „добри и верни слуги" само тогаш, кога ќе си ги исполниме нашите задожени вложувајќи ја во нив сета наша сила и донесувајќи му корист на Кралството Божјо.

За да ни биде препознаена верноста

Дефиницијата на зборот 'верност' којашто можеме да ја најдеме во речникот гласи, 'квалитет да се биде постојано упорен во приврзаноста или оданоста, или да се биде цврст во придржувањето кон ветувањата или во почитувањето на должноста. Дури и во светот, верните луѓе се вреднуваат многу повеќе поради тоа што може да им се верува.

Но видот на верноста којшто е признат од страна на Бога се разликува од оној на световните луѓе. Едноставното целосно исполнување на нашите должности во дела, не може да се смета за духовна верност. Исто така, ако ги вложиме сите наши напори и целите наши животи во една одредена област, тоа сепак не означува целосна верност. Ако ги исполниме нашите должности како жена, мајка или сопруг, дали тоа може да се смета за верност? Тоа само означува дека ние сме го извршиле она што сме морале да го извршиме.

Оние луѓе кои што се духовно верни претставуваат благо во Кралството Божјо и оддаваат една прекрасна миризба од себе. Од нив извира миризбата на непроменливото срце, миризбата на непоколебливата покорност. Некој можеби ќе го спореди тоа со покорноста на работливата крава и аромата којашто извира од доверливото срце. Ако можеме да ги оддаваме од нас вакви видови на ароми, Господ тогаш ќе каже дека сме прекрасни и дека посакува да не прегрне. Ист бил случајот и со Мојсеја.

Израеловите синови биле робови во Египет, во текот на повеќе од 400 години, а Мојсеј ја имал должноста да ги води до земјата Ханаанска. Тој бил толку многу сакан од страна на Бога, што Бог разговарал со него, лице в лице. Тој бил верен во сиот Божји дом и ги исполнувал сите заповеди коишто Бог му ги имал заповедано. Тој дури и не размислувал за сите проблеми коишто требало да ги превземе. Тој бил повеќе од верен во сите области на исполнувањето на должноста на водач на Израелот, а воедно бил верен и кон својата фамилија.

Еден ден, Мојеевиот дедо, Јетро, дошол кај него во посета. Мојсеј зборувал со него, кажувајќи му ги прекрасните нешта коишто Бог ги имал направено за Израелскиот народ. Следниот ден, Јетро видел нешто чудно. Луѓето уште од рано утро правеле редица, чекајќи да го видат Мојсеја. Тие му ги изложувале на Мојсеја расправиите коишто не можеле сами да ги решат. Јетро тогаш направил една сугестија.

Исход 18:21-22 кажува, *„А ти од сиот народ одбери некои способни луѓе, коишто се плашат од Бога, луѓе справедливи, коишто ја мразат нечесноста; па постави ги над нив како водачи на илјада, на сто, на педесет или на десет. Тие постојано нека им судат на луѓето; за секој потежок случај нека се обратат кај тебе, а секој помал спор нека го решаваат сами. Така ќе ти биде полесно и тие ќе го понесат товарот заедно со тебе."*

Мојсеј ги послушал неговите зборови. Тој сватил дека неговиот дедо имал право и ја прифатил неговата сугестија. Тој избрал некои способни луѓе кои што ја мразеле нечесноста и ги поставил за водачи на илјада, сто, педесет и десет луѓе. Тие ја имале улогата на судии кај кои што луѓето можеле да решат некои поедноставни спорови, а Мојсеј се ангажирал само во посложените случаи.

Една личност може да го понесе плодот на верноста, исполнувајќи си ги сите свои должности, преку доброто срце. Мојсеј им бил верен на членовите на своето семејство а воедно и им служел на луѓето. Тој го трошел сето свое време и напор за исполнувањето на сите овие должности, па затоа и бил признаен како човек кој што е верен во сиот Божји дом. Броеви 12:7-8 гласи, *"Не е така, меѓутоа, со Мојот слуга Мојсеја, тој е верен во сиот Мој дом; Јас говорам со него уста со уста, дури јавно, не преку гатање и тој го запазува образецот на ГОСПОДА."*

Каков вид на личност е таа личност којашто го има понесено плодот на верноста, којшто е признаен од страна на Бога?

Правете повеќе од работата што ви е доделена

Кога работниците ги исплаќаат за нивната работа, не кажуваме дека се верни ако само си ги имаат исполнето своите задолженија. Можеме да кажеме дека си ги имаат извршено своите задолженија, но тие всушност само го имаат извршено тоа за што биле платени, па затоа не можеме да кажеме дека таквото ниво однесување е верност. Но меѓу платените работници постојат некои кои што извршуваат повеќе од она за што биле платени. Таквите работници не покажуваат неспремност да сработат нешто повеќе од тоа за што се платени, или дека треба да сработат барем онолку за колку што биле платени. Таквите луѓе си ги исполнуваат своите должности со сето свое срце, ум и душа, без да штедат во време или пари, следејќи ја желбата којашто доаѓа од нивното срце.

Некои од црковните работници коишто се ангажирани со полно работно време, прават повеќе од она што им се доделува како задача. Тие често работат и прекувремено или пак и за време на празниците, а дури и кога не се на работа, постојано размислуваат на своите задолженија. Таквите луѓе често размислуваат за тоа како да ги подобрат своите служувања во црквата, преку поголемото нивно ангажирање од тоа што им е доделено. Дури и повеќе од тоа, тие ги преземаат на себе и задолженијата на ќелиските лидери, да се грижат за душите на луѓето кои што спаѓаат во таа ќелија. Значи дека верноста означува да се направи повеќе од она што им е доделено како задача на луѓето.

Исто така, оние кои што во себе го носат плодот на верноста, кога ќе примат задолженија, тие секогаш ќе се трудат да направат повеќе од она што им е доверено. На пример, во случајот со Мојсеја кој си го понудил својот сопствен живот заради спасението на синовите Израелеви, кои што ги извршиле греовите, и постојано му се молел на Бога за нивно спасение. Сето ова може да се види во молитвата којашто се наоѓа во Исход 32:31-32, која гласи, *„За жал, овие луѓе извршија голем грев, правејќи си златен бог за себе. Прости им ги, те молам, греовите нивни, а ако не, те молам избриши го и моето име од книгата Твоја, којашто ја имаш напишано!"*

Кога Мојсеј ги извршувал своите задолженија, тој единствено во целост им се покорувал на Божјите заповеди. Тој не си помислувал нешто како, 'Јас направив сѐ што можам да им ја предадам волјата Божја, но тие не сакаа да ја прифатат. Не можам повеќе да им помагам'. Тој во себе го поседувал срцето кое што наликувало на срцето на Бога и ги водел луѓето, употребувајќи ја сета своја љубов и истрајност во тоа делување. Токму поради овој факт, кога луѓето извршиле грев, тој го почувствувал тој грев како свој личен грев, и посакал да ја превземе одговорноста за него.

Истиот случај бил и со апостолот Павле. Римјаните 9:3 кажува, *„Оти повеќе би сакал јас самиот да бидам проколнат, одвоен од Христа заради моите браќа, моите сродници по телото,"* Но иако слушаме и знаеме за Павловата и Мојсеевата верност, тоа не мора неопходно да значи дека сме успеале и да ја искултивираме ваквата верност.

Дури и оние луѓе кои што ја поседуваат верата и кои што си ги извршуваат своите задачи во целост, сигурно би се изразиле многу поинаку од она што Мојсеј го кажал, кога би се нашле во иста ситуација како Мојсеј. Имено, тие најверојатно би кажале, „Боже, јас направив сѐ што можев. Чувствувам жалење за овие луѓе, но јас исто така доста страдав додека ги водев овие луѓе." Она што тие всушност го кажуваат, е следното, „Убеден сум дека извршив сѐ што можев да направам." Или пак, може да се случи да се загрижат поради можноста и тие да бидат прекорени поради гревовите за коишто самите не се виновни. Срцата на таквите луѓе се многу далеку од она што се нарекува верност.

Се разбира дека не може било кој да се моли на тој начин, „Се молам за прошка на нивните гревови или избриши го името мое од книгата на животот." Тоа единствено значи дека ако го носиме плодот на верноста во нашите срца, тогаш нема да можеме едноставно да кажеме дека не сме виновни за нештата што тргнале по погрешен пат. Пред да помислиме дека сме направиле сѐ што е во нашата моќ за извршување на нештата, прво ќе си помислиме на видот на срцето коешто сме го поседувале кога задолженијата ни биле зададени за прв пат.

Исто така, прво треба да помислиме на љубовта и милоста на Бога за сите души и на тоа дека Тој сепак не посакува да ги уништи, иако постојано ги предупредува дека ќе бидат казнети за своите гревови. Потоа, каков вид на молитва би му понудиле ние на Бога? Веројатно би кажале нешто од длабочината на нашите срца, „Боже, грешката е моја. Јас сум тој којшто не успеа подобро да ги води. Те молам, дај им уште една шанса заради мене."

Исто е во сите други аспекти. Оние кои што се верни, не би кажале само, „Јас направив доволно работа," туку би продолжиле со сето срце, со својата работа. Во 2 Коринтјаните 12:15 Павле кажал, *„Јас на драго срце сѐ ќе жртвувам и ќе се вложам себеси за вашите души. Ако сѐ повеќе ве сакам, дали треба сѐ помалку да ме сакате?"*

Имено, Павле не бил принуден да се грижи за душите на луѓето, ниту пак го правел тоа на еден површен начин. Тој чувствувал голема радост кога ја исполнувал својата должност и затоа кажал дека ќе се вложи себеси во спасувањето на другите души.

Тој постојано се нудел себеси, преку целосна посветеност, за спасот на другите души. Во Павловиот случај можеме да видиме дека вистинската верност значи да си ги исполнуваме нашите задолженија, исполнети со радост и љубов.

Бидете верни во вистината

Да претпоставиме дека некој се приклучил на некоја банда и си го посветил својот живот на шефот на таа банда. Дали Бог ќе каже дека таквата личност е верна? Се разбира дека не! Бог ја признава верноста само тогаш кога сме верни во добрината и вистината.

Христијаните коишто водат вредни животи во верата најверојатно ќе добијат доста задолженија во текот на своите животи. Во некои случаи, во почетокот тие ќе си ги извршуваат своите задолженија со неизгаслив жар и ревност, но по некое време ќе се откажат од тоа. Умовите можеби ќе им бидат преокупирани со бизнисите коишто ги планираат. Можеби ќе ја изгубат својата ревност за должноста поради тешкотиите коишто ќе ги снајдат во животот, или поради желбата да ги избегнат прогоните од страна на другите луѓе. Зошто нивните ставови вака се менуваат? Сето тоа е поради фактот што ја запоставиле духовната верност додека ја извршувале работата за Божјото Кралство.

Духовната верност значи обрежување на нашите срца. Таа значи постојано миење на облеката на нашите срца. Таа го означува отфрлањето на сите видови на гревови, невистини, зло, неправда, беззаконие и темнина и постигнувањето на осветеноста. Откровението 2:10 гласи, *„Бидете верни до самата смрт и ќе ви го дадам венецот на животот."* Она што тука е запишано не значи дека мораме само да работиме напорно и верно сé до крајот на нашата физичка смрт. Тоа исто означува дека мораме да се обидуваме да го постигнеме Словото Божјо коешто е запишано во Библијата, во целост и преку вложувањето на целиот наш живот.

За да можеме да ја постигнеме духовната верност, прво мораме да се бориме против гревовите сé до моментот на пролевањето на крвта и да ги запазиме заповедите дадени од страна на Бога. Првиот приоритет му се дава на отфрлањето на злото, гревот и невистината, коишто Бог најповеќе ги мрази. Ако се вложуваме во работата само на еден физички начин, без обрежувањето на нашите срца, не можеме да кажеме дека тоа претставува духовна верност. Како што Павле има кажано, „Јас секојдневно умирам," ние мораме целосно да го уништиме телесното во себе и да постанеме осветени. Тоа ја претставува духовната верност.

Она што Богот Отецот највеќе го посакува од нас е светоста. Мораме да го сватиме ова и да направиме сé што е во нашата моќ во обидите да си ги обрежеме нашите срца. Се разбира дека тоа не значи да си ги заборавиме нашите дневни задолженија, обидувајќи се да ја исполниме осветеноста. Тоа значи дека било кое задолжение да го имаме во моментот, треба да ја постигнеме светоста додека се трудиме да го исполниме тоа задолжение.

Оние кои што постојано си ги обрежуваат своите срца, нема да имаат промени во нивната верност. Тие нема да се откажат од своите скапоцени задолженија само затоа што се среќаваат со тешкотии во своите секојдневни животи или поради некои страдања на нивните срца. Од Бога задолженијата што ни се дадени претставуваат ветување коешто е дадено помеѓу нас и Бога, и не смееме никогаш да ги прекршиме овие ветувања под никакви околности.

Што би можело да ни се случи ако ги запоставиме

обрежувањата на нашите срца? Не би можеле да си ги одржиме срцата онакви какви што се ако се соочиме со тешкотии или проблеми. Можеби ќе го запоставиме односот на довербата којшто го имаме со Бога и ќе се откажеме од нашите задолженија. Тогаш, ако повторно ја откриеме милоста и благодетта на Бога, повторно да почнеме со напорната работа во текот на некое време, па повторно да се откажеме и овој циклус може да се одвива повторно и повторно во иднина. Оние работници кои што имаат отстапувања слични на овие, не можат да бидат признаени за верни, иако можеби си ја одработуваат својата должност на уреден начин.

Ако ја поседувате верноста којашто е признаена од страна на Бога, тогаш морате да ја имате и духовната верност исто така, што значи дека морате да си ги обрежете срцата. Но самото обрежување на срцата не постанува наша награда. Обрежувањето на срцата е нешто неопходно за чедата Божји коишто се спасени. Отфрлањето на гревовите и исполнувањето на нашите обврски преку осветеното срце, значи дека ќе можеме да понесеме поголем плод отколку да се исполнуваме со телесни мисли во нас. Што пак значи дека ќе се здобиеме со многу поголеми награди.

На пример, да претпоставиме дека сте се испотиле работејќи како доброволец во црквата, во недела. Но во исто време сте стапиле во караници и сте си го прекршиле мирот со голем број на луѓе. Ако го правите своето службување во црквата жалејќи се и негодувајќи поради тоа, голем број на награди ќе ви бидат одземени од вас. Но ако служите во црквата преку добрина и љубов, во мир со сите други личности, тогаш сите ваши дела ќе претставуваат арома којашто ќе биде прифатлива за Бога и секое од вашите дела ќе ви претставува награда.

Работете во согласност со волјата на господарот

Во црквата мораме да работиме во согласност со срцето и волјата на Бога. Исто така мораме да бидеме верни во покорувањето кон нашите водачи, во согласност со редот на почитување на постарите во рамките на црквата. Изреки 25:13 гласи, *„Како студот од снегот во време на жетвата е верен и пратеникот кон оние кои што го имаат пратено, бидејќи им ги освежува душите на своите господари."*

Дури и да сме многу вредни во работењето и исполнувањето на нашите задолженија, не можеме да ја изгасиме жедта и желбата на нашиот господар, ако го правиме само она што го сакаме. Да претпоставиме на пример, дека вашиот шеф ви каже да останете во канцеларијата поради тоа што некој многу важен муштерија треба да дојде. Но вие пак имате некоја работа којашто треба да ја извршите надвор од канцеларијата, за којашто ќе ви биде потребен цел ден ангажирање. Тогаш, иако сте надвор исполнувајќи си ја работата, во очите на вашиот шеф, вие нема да бидете верни.

Причината зошто не ја исполнуваме волјата на господарот, лежи во фактот што или ги следиме сопствените идеи или поради тоа што во себе ги имаме себичните мотиви. Ваквата личност можеби на прв поглед изгледа дека му служи на својот господар, но всушност таа не го прави тоа преку својата верност. Таа единствено ги следи своите сопствени мисли и желби и покажува дека може во секој момент да ја заборави волјата на својот гоподар.

Во Библијата можеме да прочитаме за една личност по името Јоав, којшто му бил роднина, а воедно и генерал на армијата на Давида. Јоав поминал заедно со Давида низ сите опасности, во времето кога Давид бил под прогонот од страна на кралот Саул. Тој бил мудар и храбар човек. Тој се грижел за нештата коишто Давид сакал да бидат направени. Кога ги нападнал Амонитите и им го заземал градот, тој практично ги имал освоено, но почекал да дојде Давид и самиот го направи тоа. Не сакал на себе да ја земе славата за освојувањето на градот, туку му ја оставил таа чест на Давида.

На тој начин, тој покажал колку добро му служел на Давида, но Давид не се чувствувал лагодно во врска со сето тоа. Сето тоа се должело на фактот што не ја испочитувал волјата на Давида, во моментите кога тоа му носело лична корист. Јоав не се колебал да делува на еден дрзок начин пред Давида, кога сакал да ја постигне својата цел.

На пример, генералот Авенир, кој што му бил непријател на Давида, дошол пред Давида, за да му се предаде. Давид му изразил добродошлица и го испратил назад. Тоа било така затоа што Давид можел побргу да ги стабилизира луѓето, преку неговиот прием. Но кога Јоав дознал за ова, тој подоцна го следел Авенира и го убил. Тоа било чин на одмазда, поради тоа што Авенир го имал убиено Јоавовиот брат, во претходната битка. Тој знаел дека ќе го стави Давида во тешка ситуација ако го убие Авенира, но бил поведен единствено од своите сопствени емоции.

Исто така, кога Давидовиот син Авесалом, се побунил против Давида, Давид им кажал на војниците коишто оделе да се борат со Авесаломовите луѓе, да го третираат неговиот син со почит и љубезност. Јоав, кој што го имал чуено ова, сепак го убил Авесалома. Можеби бил поведен од фактот што Авесалом, ако останел жив, повторно можел да се побуни, но сепак, Јоав ја прекршил директната кралска наредба, поведен од своето сопствено размислување.

Значи дека, иако ги поминал сите тешкотии заедно со својот крал, тој сепак не го испочитувал кралот во некои клучни моменти, па затоа Давид не можел да ја има довербата во него. На крајот, Јоав се побунил против кралот Соломон, Давидовиот син, и бил убиен. Во тоа време, исто така, наместо да ѝ се покори на волјата на Давида, тој сакал да востоличи некоја друга личност, за којашто тој самиот сметал дека треба да биде крал. Тој целиот свој живот му служел на Давида, но наместо да стане негов заслужен следбеник, го завршил својот живот како бунтовник.

Кога ја работиме Божјата работа, многу поважно од тоа колку амбициозно си ја извршуваме својата задача, е тоа дали ја следиме волјата на Бога. Нема смисла да се биде верен, ако одиме против волјата на Бога. Кога си ја извршуваме својата задача во црквата, би требало да ја следиме волјата на нашите водачи, наместо своите сопствени идеи. На овој начин, непријателот ѓаволот и Сатаната не можат да поведат никакви обвиненија против нас и на крајот ќе бидеме во можност да му ја оддадеме славата на Бога.

Бидете верни во сиот Божји дом

'Да се биде верен во сиот Божји дом' значи да се биде верен во сите аспекти коишто се поврзани помеѓу себе. Кога работиме во црквата, би требале да си ги исполниме сите наши задолженија, па дури и да се во многу голем број. Иако можеби немаме некоја посебна задача во црквата, едното од нашите задолженија е да бидеме присутни онаму каде што треба да бидеме присутни, како членови на црквата.

Не само во црквата, туку и на местата каде што работиме или во школите, секој си има свои задолженија. Во сите овие аспекти, ние би требале да си ги исполниме нашите задолженија како членови на групата. Да се биде верен во сиот Божји дом, значи да се исполнат сите задолженија, во сите аспекти на нашите животи: како Божјите чеда, како водачи или членови на црквата, како членови на семејството, како вработени во компаниите, или како студенти или учители во школите. Ние не би требале да бидеме верни само во едно или две задолженија, а да ги запоставиме другите. Мораме да се трудиме да бидеме верни во сите можни аспекти.

Некој можеби ќе си помисли, 'Јас сум само еден, па како можам да бидам верен во сите области?' Но како што ја зголемуваме нашата промена во духот, така ќе ни биде сé полесно да бидеме верни во сиот Божји дом. Иако можеби ќе вложиме малку време, ние сигурно ќе го пожнееме плодот, ако го посееме во духот.

Исто така, оние луѓе кои што се имаат изменето во духот, не ја следат својата лична корист и задоволство, туку постојано размислуваат за користа на другите луѓе. Тие најпрво погледнуваат на нештата од гледиштето на другите луѓе. Поради тоа, таквите луѓе ќе бидат во можност да си ги исполнат своите задолженија, па макар тоа значело дека мораат да се жртвуваат и себеси за тоа. До она ниво, до коешто сме го постигнале нивото на духот, до тоа ниво, нашите срца ќе бидат исполнети со добрината. Ако ние сме добри, тогаш нема да се приклониме кон некоја одредена страна. Па така, иако ни се зададени голем број на задолженија, ние никогаш нема да запоставиме ниту едно од нив.

Ќе направиме сѐ што е во нашата моќ, да се погрижиме за сето што е во нашата околина, настојувајќи при тоа да се грижиме повеќе за другите луѓе, отколку за самите себе. Тогаш, луѓето кои што се околу нас, ќе можат да ја почувствуваат вистинитоста на нашите срца. Па така, луѓето нема да бидат разочарани бидејќи не можеме секогаш да бидеме со нив, туку ќе бидат благодарни поради самиот факт дека се грижиме за нив.

На пример, ако некоја личност има две задолженија и е водач на една од групите, а е само обичен член на другата, ако ја поседува добрината и го носи плодот на верноста, таа нема да запостави ниту едно од нив. Таа не би кажала, „членовите на таа група ќе ме разберат зошто не сум со нив, бидејќи јас сум водач на другата група." Ако и не може физички да биде со другата група, таа тогаш ќе се обидува да биде од помош на некои други начини, подржувајќи ги во самото свое срце. Значи дека можеме да бидеме верни во сиот Божји дом и да го имаме мирот со секого до она ниво, до коешто ја поседуваме добрината во себе.

Верноста за Божјото Кралство и праведноста

Јосиф бил продаден во ропство во домот на Потифар, капетанот на кралската гарда. Јосиф бил толку многу верен и доверлив така што Потифар решил да му ја додели грижата за целото негово домаќинство и не се грижел како ќе ги заврши работите, овој негов млад роб. Сето тоа се случило така бидејќи Јосиф се грижел да ги заврши дури и најмалите нешта коишто му биле доверени, вложувајќи се до максимум во својата работа, носејќи го срцето на својот господар.

Кралството Божјо, исто така има потреба од верни работници како Јосифа, во многу области. Ако ви е доделено некое одредено задолжение, а вие го исполните тоа задолжение на таков начин и толку верно што вашиот водач не мора воопшто да ја проверува завршената работа, тогаш, колку голема сила ќе претставувате вие за Кралството Божјо!

Лука 16:10 гласи, *„Верниот во малку и во многу е верен; а неправедниот којшто е неправеден во мали нешта, неправеден е и во големите нешта."* Иако му служел на физички господар, Јосиф верно работел со верата во Бога. Бог не го сметал тоа за нешто безпричинско, па го поставил потоа Јосифа за премиер на Египет.

Јас никогаш не се отпуштав кога ја работев работата за Бога. Секогаш нудев целовечерни молитви кон Бога, дури и пред отворањето на црквата, но откако се отвори црквата, јас се молев од полноќта па сé до 4 часот наутро, нудејќи лични молитви кон Бога, а потоа продолжував со водењето на молитвите на состанокот во зората во 5 часот наутро. Во тоа време ги немавме Данииловите молитвени состаноци коишто ги имаме денес, коишто почнуваат во 9 часот наутро. Немаше некои пастори или водачи на ќелии, па јас морав самиот да ги водам сите утрински молитви. Но никогаш не пропуштив ниту еден ден во исполнувањето на моите задолженија.

Понатаму, морав да ги припремам проповедите наменети за неделните служби, за службите во среда и за петочните целовечерни служби, сето тоа за време моето посетување на теолошкиот семинар. Никогаш не отфлив некои од моите задолженија или ги префрлив на некој друг, поради тоа што се чувствував уморно. Откако ќе се вратев од семинаријата, се грижев за болните луѓе или пак одев да посетам некои од нашите членови на црквата. Имаше тогаш голем број на болни луѓе кои што доаѓаа од сите краишта на земјата. Секогаш си го вложував срцето во работата, кога одев во посета на црковните членови, за да можам духовно да им служам.

Во тоа време, некои од моите студенти мораа да сменат два, три автобуса, додека да стигнат во црквата. Сега имаме автобуси во самата црква, но тогаш го немавме тоа. Јас посакував студентите да можат да дојдат во црквата, без да се грижат за цените на автобуските билети. Обично одев со нив по богослужбата до автобуската станица, давајќи им тикети или автобуски карти, испраќајќи ги дома. Им давав доволно автобуски карти за да можат да дојдат во црквата и следниот пат. Парите коишто стигаа во црквата не беа доволни за да го покријат сето тоа, па јас морав да им давам од своите сопствени заштеди, за да ги подмирам овие потреби.

Кога некоја нова личност ќе се регистрираше во црквата, јас ја сметав за едно скапоцено богатство, се молев за неа и ѝ служев со љубов, за да не ја изгубам. Токму тоа беше причината поради која никој од новорегистрираните членови не ја напушти црквата. На тој начин, црквата природно растеше. Сега кога црквата има толкав голем број на членови, дали мојата верност се има изладено? Се разбира дека не! Мојата ревносна работа за душите никогаш не стивнува.

Во моментот имаме повеќе од 10,000 ограноци на црквата по светот, и исто толку многу пастори, постари членови, ѓакониси сениори и водачи на области, под-области и ќелиски групи. Но сепак, моите молитви и љубов за душите уште поревносно се зголемуваат и се во пораст.

Дали можеби вашата верност кон Бога се има изладено? Дали некои од вас порано имале од Бога зададени задолженија, а сега веќе не? Ако сеуште го имате истото задолжение како и во минатото, дали вашиот жар за завршувањето на работата се има изладено? Ако во нас ја поседуваме вистинската вера, тогаш нашата верност единствено може да се зголемува преку нашето созревање во верата, па ние стануваме верни во Господа во остварувањето на Кралството Божјо, трудејќи се да спасиме колку што е можно повеќе души. Па потоа, во Небесата, ќе можеме да примиме голем број на скапоцени награди!

Ако Бог сакал да ја види верноста само во нашите дела, Тој тогаш не би морал да го создава човештвото, бидејќи постојат толку голем број на Небесни домаќини и ангели, кои што верно му се покорувале. Но Бог не сакал да има некои кои што безусловно ќе му се покоруваат, некои кои што наликуваат на роботи. Тој сакал да има чеда кои што верно и со сето свое срце, ќе ја носеле љубовта за Бога, којашто ќе извирала од самата длабочина на нивните срца.

Псалм 101:6 гласи, *„Моите очи ќе бидат насочени кон верните на земјата, кои што можат да пребиваат со Мене; оној кој што чекори по безгрешниот пат, е оној кој што ќе ми служи."* Оние кои што ги имаат отфрлено сите видови на злото и кои што станале верни во сиот Божји дом, ќе го примат благословот да можат да влезат во Новиот Ерусалим, најубавото место за престој на Небесата. Затоа се надевам дека вие ќе станете работници кои што ќе бидат столбовите на Кралството Божјо и ќе ја уживаат честа да можат да застанат блиску до престолот на Бога.

Матеј 11:29

„Земето го Мојот јарем на себе и поучете се од Мене, бидејќи Јас сум кроток и скромен по срце, и ќе најдете мир за вашите души."

Глава 9

Кроткост

Кроткоста да се прифатат голем број на луѓе

Духовната кроткост придружувана од страна на великодушноста

Карактеристиките на луѓето кои што го имаат изродено плодот на кроткоста

Да се носи плодот на кроткоста

Култивирањето на добрата почва

Благословите за кротките

Кроткост

Изненадувачки е колкав голем број на луѓе се загрижени заради раздразливоста, депресивноста или заради карактеристиките кои што им се премногу интровертни или пак екстремно екстровертни. Некои луѓе го припишуваат сето тоа на своите карактеристики, ако нештата не им одат онака како што посакуваат, кажувајќи, „Не можам тука ништо да сторам, таков ми е карактерот." Но Бог ги создал луѓето и за Него не претставува потешкотија да им ги измени карактерите на луѓето, преку Неговата сила.

Мојсеј еднаш имал убиено човек поради својот темперамент, но со силата Божја, тој се изменил до тој степен, да потоа бил признаен од страна на Бога, како најскромниот и најкроткиот човек, кој што бил на лицето на земјата. Апостолот Јован имал прекар, 'син на громот', но со силата на Бога, тој се изменил и бил признаен како 'кроткиот апостол.'

Ако луѓето се спремни да си го отфрлат злото од срцата и да си ги изораат полињата на срцата, тогаш дури и оние со незгоден карактер, кои што се фалбации, па и оние кои што се ставаат себеси во центар, ќе можат да се изменат и да ги искултивираат карактеристиките на кроткоста.

Кроткоста да се прифатат голем број на луѓе

Ако погледнеме во речникот ќе можеме да видиме дека кроткоста претставува квалитет или расположение да се биде кроток, мек, нежен и благ. Оние луѓе кои што се срамежливи или 'срамежливо не-социјални' по карактер, или оние кои што не можат добро да се изразат себеси, може да изгледаат дека се кротки. Оние кои што се наивни, или кои што не се налутуваат поради ниското интелектуално ниво, исто така изгледаат кротки во очите на световните луѓе.

Но духовната кроткост не значи само благост и мекост. Тоа значи да се има мудроста и способноста да се разликува исправното и погрешното, а во исто време да се има способноста да се свати и прифати секоја личност, бидејќи таквите луѓе во себе го немаат злото. Именно, духовната кроткост значи да се поседува великодушноста придружена со благиот и мек карактер. Ако во себе ја имате ваквата доблесна великодушност, тогаш не само што цело време ќе бидете меки, туку ќе ви извира и дигнитетот од вашето срце, кога за тоа ќе има потреба.

Срцето на кротката личност е меко како памукот. Ако фрлите камен врз памукот или ако го прободете со игла, памукот само ќе го прекрие и прегрне предметот со којшто има допир. Таквите луѓе кои што се духовно кротки, без разлика на тоа како ги третираат другите луѓе, нема никогаш да имаат во себе некои негативни чувства во своите срца. Имено, тие не се налутуваат или чувствуваат нелагодно, ниту пак будат такви чувства кај другите луѓе.

Тие не судат, ниту осудуваат, туку само покажуваат разбирање и прифаќање кон луѓето. Луѓето ќе почувствуваат лагодност во присуство на таквите луѓе и секој ќе може во нивното друштво да најде одмор и почивка. Тие наликуваат на големите дрвја коишто имаат многу гранки, на коишто слетуваат и наоѓаат одмор голем број на птици.

Мојсеј бил една од таквите личности кои што биле

признаени од Бога, како полни со кроткост. Броеви 12:3 кажува, *"А Мојсеј беше најкроткиот човек меѓу сите луѓе на земјата."* Во времето на Исходот, бројот на синовите Израелеви бил повеќе од 600,000 возрасни луѓе. Вклучувајќи ги тука и жените и децата, бројот сигурно бил поголем од два милиона. Предводејќи толкав голем број на луѓе мора да било една мошне тешка задача, за една обична личност.

Тоа специјално било тешка задача бидејќи луѓето биле со отврднати срца, живеејќи живот како робови во Египет. Ако постојано бидете изложени на тепање, ви кажуваат лоши зборови и ја извршувате работата на робовите, тогаш вашите срца можат да отврднат и да бидат безчувствителни. Во ваквата ситуација не било нималку лесно да им се вреже благодетта во нивните срца, и да се натераат да го сакаат Бога од сé срце. Токму тоа е причината зошто луѓето постојано покажувале непочитување кон Бога, иако Мојсеј им покажал голем дел од Неговата голема сила.

Кога луѓето ќе се соочеле со макар и најмала тешкотија по нивниот пат, тие веднаш почнувале да му се жалат на Мојсеја и му противречеле во сé. Само преку сваќањето на тој факт дека Мојсеј водел таков вид на луѓе низ дивината во текот на 40 години, ние можеме да претпоставиме колку голема морала да биде духовната кроткост којашто тој ја поседувал. Ваквиот вид на срце коешто го имал Мојсеј ја претставува духовната кроткост, којашто претставува еден од плодовите на Светиот Дух.

Духовната кроткост придружувана од страна на великодушноста

Но дали има некој кој што си го помислува следното, 'Јас не се налутувам и мислам дека сум покроток од другите луѓе, но не добивам одговори на моите молитви. Не успевам ниту да го слушам навистина гласот на Светиот Дух'? Во таков случај, луѓето мора да се запрашаат дали нивната кроткост всушност претставува телесна кроткост. Луѓето можеби ќе кажат за некого дека е кроток, ако таа личност изгледа кротка и смирена, но сето тоа претставува само еден вид на телесна кроткост или благост.

Она што Бог го посакува е духовната благост и нежност. Духовната благост не значи само да се биде нежен и мек, туку сето тоа мора да биде придружено со доблесната великодушност. Заедно со кроткоста во срцето, мора да се поседува и квалитетот на доблесната великодушност којашто ќе биде видлива однадвор, за да може да се искултивира во целост духовната кроткост. Истото е и кога личноста со одличен карактер е облечена во костимот којшто ѝ одговара на нејзиниот карактер. Дури и личноста да има добар карактер, ако оди наоколу гола и без облека, нејзината голотија ќе ѝ го претставува нејзиниот срам. Слично на ова, кроткоста без доблесната великодушност не претставува целост.

Доблесната великодушност е нешто налик на надворешниот изглед којшто прави кроткоста да сјае, но се разликува од легалистичките или хипокритички акти. Ако светоста не се наоѓа во вашите срца, тогаш не може да се каже дека ја поседувате доблесната великодушност, само поради тоа што однадвор се гледа дека извршувате некои добри дела. Ако повеќе се наклонувате кон покажувањето на некои соодветни дела, отколку да се насочите кон култивирањето на вашите срца, тогаш најверојатно нема да можете да ги согледате вашите недостатоци и погрешно ќе си помислувате дека сте успеале во создавањето на духовниот раст до едно големо ниво.

Но дури и во овој свет, луѓето кои што имаат само еден добар надворешен изглед без да имаат добри карактери, нема да успеат да ги придобијат срцата на другите луѓе. Во верата исто така, концетрирањето на некои надворешни дела, без култивирањето на внатрешната убавина е бесмислено и бесцелно.

На пример, некои луѓе делуваат праведно, но во исто време им судат на некои луѓе и ги гледаат од висина оние кои што не делуваат исто како нив. Можеби исто така инсистираат и на своите стандарди, помислувајќи си, 'Ова е правиот пат, па зошто тогаш сите не ги прават нештата на овој начин?' Таквите луѓе ќе кажуваат некои убави зборови кога ќе им кажуваат совети на луѓето, но во своите срца ќе ги осудуваат и ќе зборуваат во рамките на својата сопствена самоправедност и непријатни чувства. Луѓето не можат да најдат мир во таквите луѓе. Тие само можат да се најдат повредени и обесхрабрени, па затоа и нема да сакаат да бидат во друштвото на таквите личности.

Некои луѓе исто така се налутуваат или се иритираат поведени од нивната самоправедност и злото во срцата. Но тие кажуваат дека само имаат 'праведна огорченост и индигнација' а сето тоа е заради доброто на другите луѓе. Но оние личности кои што во себе ја имаат доблесната великодушност, никогаш не би го загубиле мирот во своите умови, под никакви околности.

Ако навистина сакате да ги понесете плодовите на Светиот Дух во целост, тогаш нема да можете само да го покриете злото коешто се наоѓа во вашите срца, преку вашиот надворешен изглед. Ако го правите таквото нешто, тогаш тоа претставува само шоу којшто го правите за луѓето. Вие би морале постојано да се преиспитувате себеси во сè, избирајќи го секогаш патот на добрината.

Карактеристиките на луѓето кои што го имаат изродено плодот на кроткоста

Кога луѓето ќе ги видат оние кои што се кротки и благи, со широки срца, тие кажуваат дека срцата на таквите личности наликуваат на огромни океани. Океанот може да прифати секаква нечистотија од потоците и реките и да ја прочисти. Ако успееме да го искултивираме таквото широко и нежно срце како океанот, тогаш ќе можеме да ги поведеме дури и душите коишто се извалкани со гревови, кон патот на спасението.

Ако однадвор ја покажуваме великодушноста придружена со кроткоста и благоста одвнатре, тогаш ќе можеме да ги придобиеме срцата на голем број луѓе и да го постигнеме остварувањето на многу нешта. Дозволете ми да ви дадам некои примери за карактеристиките на оние луѓе кои што го имаат изродено плодот на кроткоста.

Како прво, тие се достоинствени и умерени во сите свои постапки.

Оние луѓе кои што изгледаат благи по темпераментот, а всушност се неодлучни, не можат да ги прифатат другите луѓе. Таквите луѓе ќе бидат гледани од висина од страна на некои луѓе и ќе им се случи да бидат искористени од нив. Во историјата можеме да видиме дека некои кралеви биле благи по карактерот, но не ја поседувале доблесната великодушност, па затоа нивните кралства не биле стабилни. Подоцна во историјата, луѓето не ги оценуваат таквите личности како благи и кротки, туку како неспособни и неодлучни.

Од друга страна пак, некои кралеви имале благ и топол карактер, придружуван со мудрост и со достоинство. Во кралствата водени од страна на таквите кралеви, земјите биле стабилни и луѓето имале мир во срцата. Исто така оние кои што ги поседуваат и кроткоста и доблесната великодушност, ги исполнуваат и соодветните стандарди на расудувањето. Тие го прават она што е праведно, разграничувајќи го на прав начин исправното од неисправното.

Кога Исус го исчистил Храмот и ја прекорил хипокризијата на Фарисеите и на книжниците, Тој бил многу силен и цврст. Тој го имал кроткото срце да не ги 'докршува прекршените трски и да не го гаси фитилот на светилките', но сепак строго ги прекорувал луѓето, ако за тоа имало потреба. Ако во своите срца ги поседувате таквото достоинство и праведност, тогаш луѓето никогаш нема да ве погледнат без респект, па дури и никогаш да не го подигате вашиот глас, ниту да се обидете да бидете строги.

Надворешниот изглед исто така се однесува и на поседувањето манири како кај Господа и на совршените дела на телото. Оние луѓе кои што се доблесни го имаат достоинството, авторитетот и важноста, коишто се изразуваат во нивните зборови; тие никогаш непромислено не кажуваат некои бесмислени зборови. За секоја посебна прилика, се облекуваат во облека којашто е соодветна со ситуацијата. Изразот на лицата кај нив е благ, без грубост или студенило изразено на нив.

На пример, да претпоставиме дека некоја личност има неуредна коса и облека, со недостоинствена своина. Да претпоставиме дека таквата личност исто така сака да кажува вицови и да го троши времето зборувајќи за некои небитни нешта. Дали тогаш ќе биде многу тешко таквата личност да ја добие довербата и почитта од страна на другите луѓе? Другите луѓе нема да посакуваат да бидат прифатени или прегрнати од него.

Ако Исус цело време се однесувал на еден шеговит начин, Неговите ученици никогаш не би го свратиле озбилно и би почнале да му се подбиваат. Исто така ако Исус се обидувал да ги поучи на нешто што е навистина тешко, тие најверојатно би влегле во расправии со Него или би инсистирале на сопствените гледишта. Но тие не се осмелувале да направат такво нешто. Дури и луѓето дојдени да се расправаат со Него, не можеле навистина да го сторат тоа, соочени со Неговиот дигнитет. Зборовите и делата на Исуса секогаш во себе ги содржеле јачината и дигнитетот, така што луѓето не можеле да се однесуваат кон Него на еден опуштен и неформален начин.

Се разбира, понекогаш некој кој што е на повисоко место

во хиерархијата може да им каже некоја шега на своите подредени, за да олесни некоја тензична ситуација. Но ако подредените се шегуваат помеѓу себе и тоа со непријатно однесување, тоа значи дека не ја сваќаат ситуацијата како што би требало. Ако самите водачи не се држат на еден исправен, честит начин и притоа покажат некои расеани настапи, тие тогаш не можат да се здобијат со довербата од страна на луѓето. Ова посебно се однесува на високо рангираните лица во компаниите, кои што мораат постојано да бидат со исправено, честито однесување, со пристоен начин на изразување и манири.

Претпоставениот во некоја организација мора постојано да се изразува и да делува на еден почесен начин пред своите предодредени, но ако некој од нив покажува претерана стравопочит, претпоставениот тогаш може да му се обрати на еден обичен начин, за да го смири и опушти во однесувањето. Во ваквата ситуација, неформалното однесување кон подредениот може да доведе до негово послободно однесување и полесно отворање на срцето. Ваквите настојувања од страна на претпоставените не би требало да предизвикаат омаловажување од страна на предодредените, коешто потоа би можело да доведе и до непочитување на заповедите.

Римјаните 15:2 кажува, „*Секој од вас е должен во доброто да му угодува на својот ближен, заради поука.*" Филипјаните 4:8 гласи, „*Конечно браќа, она што е вистинито, чесно, исправно, чисто, нежно, со добар углед, ако постои некоја совршеност или нешто вредно за пофалба, држете се и пребивајте во него.*" Затоа оние луѓе кои што се доблесни и великодушни, постојано делуваат во исправност и чесност, правејќи луѓето околу нив да се чувствуваат навистина пријатно.

Следно, кротките ги покажуваат делата на милоста и сочувството, носејќи го во себе широкото срце.

Тие не само дека им помагаат на оние кои што имаат потреба за финансиска помош, туку и на оние луѓе кои што се духовно исцрпени и слаби, утешувајќи ги и покажувајќи милост кон нив. Иако таквите луѓе ја поседуваат кроткоста во себе, ако таа кроткост остане само во нивните срца, ќе биде многу тешко да успеат во оддавањето на миризбата на Христа околу себе.

На пример, да претпоставиме дека постои некој верник кој што страда од некакви прогонства поради изразувањето на својата вера. Ако црковните лидери дознаат за тоа, покажуваат сочуство кон таа личност и се молат за неа. Тоа се лидерите кои што го имаат сочувството само во своите срца. Други лидери пак, лично ја охрабруваат и ја утешуваат таа личност, помагајќи й и во дела и активности, во согласност со ситуацијата. Преку таквото делување тие й помагаат на таа личност да закрепне, да зајакне и да ги надмине тешкотиите преку верата.

Па така, самото имање обзир кон луѓето во своите срца и покажувањето на вистинските дела коишто би можеле да помогнат, се две различни нешта, посебно во однос на помошта којашто им е потребна на луѓето кои што имаат проблеми. Кога кроткоста се искажува надворешно низ великодушни дела, тогаш таа може да им ја даде милоста и животот на другите луѓе. Затоа кога Библијата кажува 'кротките ќе ја наследат земјата'

(Матеј 5:5), тоа ја покажува блиската релација на верноста со кроткоста, којашто е резултат на доблесната великодушност. Да се наследи земјата е нешто што укажува на небесните награди. Вообичаено, примањето на небесните награди е во корелација со верноста. Ако примите некаква плакета на благодарноста, за заслугата или за чест, или пак награда за евангелизацијата од страна на црквата, сето тоа е резултат на вашата верност.

Слично на ова и кроткиге ќе ги примат благословите, но не единствено поради кроткоста којашто произлегува само од нивните срца, туку и од нивните дела и активности. Кога личностите кои што имаат кротко срце ќе го изразат тоа преку доблесните и великодушни дела, тогаш тие ќе можат да го понесат и плодот на верноста. Потоа ќе ги добијат и наградите коишто ќе бидат резултат на сето тоа. Имено, кога великодушно ќе прифатите и прегрнете голем број на души, ќе ги утешите и охрабрите, давајќи им го со тоа животот, тогаш низ таквите дела ќе можете да ја наследите земјата на Небесата.

Да се носи плодот на кроткоста

Како тогаш би можеле да го понесеме плодот на кроткоста? Кажувајќи заклучок, можеме да речеме дека за да го искултивираме срцето, потребна ни е добра почва.

> *И им говореше многу нешта преку параболи, кажувајќи им, „Ете излезе сејач да сее; и кога сееше, некои од зрната паднаа покрај патот,*

па птиците долетаа и ги исколваа. Други паднаа на каменито место, каде што немаше многу почва; и веднаш изникнаа, бидејќи почвата не беше многу длабока. Но штом изгреа сонцето, тие изгореа; па бидејќи немаа корен, се осушија. Некои паднаа меѓу трње, па кога трњето израсна, ги задуши. Други пак, паднаа на добра почва и дадоа добар плод, некои сто, некои шеесет, а некои триесет" (Матеј 13:3-8).

Во Матеј, глава 13, нашите срца се прикажани поврзани со четирите различни видови на почви. Тие можат да бидат категоризирани како крајпатна почва, каменито место, трновито место и добра почва.

Почвата на срцето коешто наликува на крајпатна почва, мора да ги искрши својата самоправедност и егоцентричните мисловни рамки

Крајпатиштето е натиснато од чекорењето на луѓето и затоа е доста тврдо, па затоа тука не може да се посади семето. Семето не може да фати корен и бидува исколвано од страна на птиците. Луѓето кои што имаат слични срца се со тврдоглави умови. Тие не си ги отвараат срцата кон вистината, па затоа и не можат да го сретнат Бога, ниту да ја поседуваат верата.

Таквите личности имаат свое сопствено знаење и систем на вредности, коишто се толку силно затемелени во нив, да немаат никаква можност да го прифатат Словото Божјо. Тие силно веруваат во тоа дека само тие се во право. За да можат да ја искршат својата самоправедност и изградените мисловни рамки, тие најпрво ќе мораат да го искршат злото коешто се наоѓа во нивните срца. Навистина е тешко за една таква личност да ја искрши самоправедноста и мисловните рамки, ако во себе ја задржи гордоста, ароганцијата, тврдоглавоста и невистината. Таквата злоба којашто ја имаат во срцата, предизвикува тие да имаат телесни мисли коишто ги оддалечуваат од верувањето во Словото Божјо.

На пример, оние луѓе кои што во своите умови ја имаат натрупано невистината, не можат а да не се сомневаат, ако другите им ја кажуваат вистината. Римјаните 8:7 кажува, *„бидејќи телесното мудрување е непријателство кон Бога; на законот Божји тоа не му се покорува, ниту пак може да го направи тоа."* Како што е запишано, таквите личности не можат да кажат 'Амин' по Словото Божјо, ниту да му се покорат.

Некои личности кои што се многу тврдоглави во почетокот, по примањето на благодетта и по изменувањето на своите мисли, стануваат многу ревносни во верата. Тоа е случајот кога личностите се со оцврснати надворешни умови, но со меки и нежни внатрешни срца. Но крајпатните личности се разликуваат од овие лица. Нивните внатрешни срца се целосно оцврснати. Едно срце кое што е стврднато однадвор, но нежно одвнатре, може да се спореди со тенката кора лед, додека крајпатието може да се спореди со базен којшто е докрај исполнет со ледот.

Поради тоа што срцата коишто наликуваат на крајпатието се оцврснати од долгото изложување на невистината и злото, не е воопшто лесно да се искрши за краток временски период. Значи за да успее да го искултивира таквото срце, една личност мора постојано да го крши и крши, сé додека не се искрши докрај. Кога и да се случи Словото Божјо да не соодветствува со нивните сопствени мисли, тие мораат постојано да се прашуваат дали нивните мисли се исправни. Исто така, тие мораат да натрупуваат дела на добрината, за да може Бог да им ја дарува благодетта.

Понекогаш некои личности ме замолуваат да се молам за нив, да се здобијат со верата. Се разбира дека е тажно што не можат да ја добијат верата и покрај посведочувањето на силата на Бога и слушањето на Словото Божјо во текот на толку долг временски период, но сепак е многу подобро отколку воопшто да не се обидуваат. Во случајот со срцата коишто наликуваат на крајпатието, нивните членови на семејството и црковни лидери мораат многу да се молат за нив и да ги водат, но исто така е битно и самите да вложуваат напори во тоа. Она што ќе се случи е дека по некое време, семето на Словото ќе почне да рти во нивните срца.

Срцето коешто наликува на каменито тло, мора да ја отфрли љубовта за световното

Ако посеете семе на некое камено тло, тогаш семето ќе израти, но нема добро да се развива поради камењата. На истиот тој начин, личностите кои што го поседуваат срцето на каменото тло набргу паѓаат во своите обиди, поради испитувањата, прогонствата и искушенијата коишто ќе ги надвиснат.

Кога ќе ја примат Божјата благодет и милост, тие се чуствуваат како навистина да сакаат да се обидат да живеат во согласност со Словото Божјо. Можеби дури и ќе ги искусат и огнените дела на Светиот Дух, исто така. Затоа се кажува дека семето на Словото паднало во нивните срца и изртело. Но и по примањето на милоста и благодетта кај нив се раѓаат некои конфликтни мисли, кога ќе наближи денот на богослужбата за наредната недела. Иако сигурно го имале искусено Светиот Дух, во нивните срца повторно се раѓаат сомнежите, помислувајќи си дека сето тоа било само еден момент на емоционална восхитеност. Нивните срца им кажуваат да се сомневаат, па на крајот таквите личности повторно ги затвораат портите до своите срца.

За некои можеби конфликтот лежи во неможноста да прекинат со некои свои хобии или други активности коишто порано ги уживале во неделите, па затоа не можат да го запазат правилото на почитувањето на светоста на Денот на Господа. Ако некои личности бидат прогонувани од страна на членовите на своето семејство или шефовите на работните места, додека го водат Духовно-исполнетиот живот во верата, тие престануваат да ја посетуваат црквата. Некои личности во почетокот ја примаат во голема мерка милоста и благодетта Божја и изгледа дека водат страствен и ревносен живот во верата, но ако им се случи некој проблем со другите верници во црквата, се чуствуваат навредени и набргу ја напуштаат црквата.

Што тогаш би била причината зошто семето на Словото не фатило корен кај нив? Сето тоа се должи на 'камењата' коишто им се сместени во срцата. Телесното од срцата симболично е претставено со 'камења' и токму овие невистини ги спречуваат од покорувањето на Словото Божјо. Значи помеѓу многуте други невистинити нешта, ова се некои од нив коишто се толку многу цврсти, што го стопираат семето на Словото во фаќањето корен во срцето. Да бидеме попрецизни, тоа го прави телесното коешто се наоѓа во срцата и коешто ја носи љубовта за овој свет.

Ако луѓето сакаат некои световни забави, ќе им биде навистина тешко да го запазат Словото Божјо, со самото кажување, „Запази ја светоста на Сабатот." Исто така, оние личности кои штово срцата го носат каменот на алчноста, не доаѓаат во црквата поради тоа што не сакаат да го даваат десетокот, одреден за Бога. Кај некои од нив пак, во срцата им е вцврстен каменот на омразата, па затоа не можат да го вкоренат словото на љубовта.

Помеѓу членовите на црвата кои што секојдневно ја посетуваат богослужбата, има некои кои што ги имаат срцата налик на камените области. На пример, иако биле родени и одраснати во Христијански фамилии, научувајќи го Словото уште од самото свое детство, тие сепак не го живеат животот според Словото. Тие го искусуваат Светиот Дух и понекогаш дури и ја примаат благодетта, но сепак не ја отфрлаат ниту љубовта за световното од своите срца. Додека го слушаат Словото, си помислуваат дека не би требале на тој начин да ги живеат своите животи, но штом ќе се вратат дома, се враќаат на стариот начин на живот, љубејќи го световното. Тие ги живеат своите животи на начинот да ја опкорачуваат оградата со едната нога на страната на Бога, а со другата на страната на световното. Поради Словото коешто го имаат чуено, не го напуштаат Бога, но во срцата сеуште имаат многу камења коишто го спречуваат Словото Божјо да пушти корења.

Исто така, некои камeнити предели се делумно составени од карпи и камења. На пример, некои луѓе се верни без никакво менување во срцата. Тие исто така и понесуваат и некои плодови. Но во срцата ја носат омразата и имаат конфликти со другите во многу нешта. Тие судат и осудуваат, прекршувајќи го мирот каде и да се. Поради оваа причина, и покрај долгите години во црквата, тие сепак не успеваат да го понесат плодот на љубовта и плодот на кроткоста во себе. Некои други пак, имаат нежни и добри срца. Обзирни се и полни со разбирање за другите луѓе, но не се верни. Лесно ги прекршуваат дадените ветувања и покажуваат неодговорност во многу аспекти на животот. Што значи дека тие мораат да си ги подобрат недостатоците, орајќи си ги срцата и претворајќи ги во добра почва за семето.

Што би требало да направиме за да го изораме каменитото место?

Како прво, мораме вредно да го следиме Словото Божјо. Некои од верниците се обидуваат да ги исполнат своите задолженија во покорност кон Словото, коешто ни кажува да бидеме верни. Но тоа не е така лесно, како што изгледа.

Кога некој бил обичен мирјанин, член на црквата којшто немал никаква титула, ниту позиција, другите членови на црквата му служеле нему. Но кога се здобил со позиција, морал да им служи на другите. Тогаш, можеби таквата личност многу ќе се обидува да направи сѐ како што треба, но бидејќи ќе мора да ги служи личностите кои што не ги имаат истите гледишта како и тој самиот, ќе почувствува некои негативни чувства. Негативните чувства како што е огорченоста и лутината, доаѓаат од самите срца. Затоа таквите личности постепено ја губат исполнетоста со Духот и помислуваат дури и на оставањето на своите задолженија.

Овие непријатни чувства ги претставуваат камењата коишто таквите личности треба да ги отфрлат од почвите на своите срца. Ваквите чувства се изведени од големата карпа наречена 'омраза'. Кога таквите личности се обидуваат да му се потчинат на Словото коешто гласи, 'биди верен', се соочуваат со каменот којшто се нарекува 'омраза'. Кога ќе го откријат овој камен, треба веднаш да го нападнат и да го извлечат од срцата. Дури тогаш ќе бидат во можност да му се покорат на Словото коешто ни кажува да имаме љубов и мир во нас. Никако не смеат да се откажуваат поради тоа што им е тешко, туку уште поцврсто да опстојат во исполнувањето на своите дожности и со поголема страст. На тој начин ќе можат да се изменат во работници кои што се полни со кроткоста.

Како второ, мораме искрено да се молиме додека го практикуваме Словото Божјо. Кога дождот ќе падне на некое поле, тоа станува влажно и меко. Тоа е добар период за поместување на камењата. Слично на ова, кога се молиме стануваме исполнети со Духот и нашите срца стануваат омекнати. Исполнети со Светиот Дух од страна на молитвите, не смееме да ја изгубиме таа шанса за тоа. Мораме бргу да ги отфрлиме камењата. Имено, тоа значи дека мораме веднаш да ги ставиме нешата во практика, особено оние коишто не сме можеле порано да ги спроведуваме. Правејќи го ова одново и одново, дури и најголемите камења коишто се наоѓаат длабоко во нашите срца, ќе можат да бидат разнишани и извадени надвор. Кога ќе ја добиеме силата и милоста од Бога коишто ќе ни бидат дадени одозгора, и кога ќе ја примиме исполнетоста со Светиот Дух, тогаш ќе бидеме во можност да ги отфрлиме гревовите и злото, коишто не сме можеле да ги отфрлиме со нашата сопствена сила на волјата.

Трновитото поле не го принесува плодот поради световните грижи и измамата на богатите

Ако го посееме семето на трновито поле, тогаш може да се случи тоа бргу да изрти и израсне, но поради трњето нема да биде во можност да даде никаков плод. Слично на тоа, оние коишто го поседуваат срцето коешто наликува на трновитото поле веруваат и се обидуваат да го практикуваат Словото коешто им е дадено, но не успеваат во целост со практикувањето на Словото. Тоа се должи на фактот што во себе ги имаат световните грижи и измамата на богатите, којашто е алчноста за пари, слава и моќ. Поради оваа причина тие живеат во маки и испитувања.

Таквиот вид на луѓе има постојани грижи за физичките нешта, како што се на пример потребите за домаќинството, за нивните бизниси или за тоа што ќе работат утре, иако ја постуваат богослужбата во црквата. Тие би требале да се здобијат со утеха и со нова сила, додека ги служаат богослужбите во црквата, но наместо тоа во нив се трупаат световните грижи и проблеми. Па иако имаат поминато голем број на недели во црквата, сепак сеуште не успеваат да ја почувствуваат вистинската радост и мир од самиот чин на запазувањето на светоста на овој ден. Ако вистински ја запазиле светоста на неделата, нивните души би напредувале и на тој начин би се здобиле со духовни и материјални благослови, дадени од страна на Бога. Но не се во состојба да ги примат таквите благослови. Затоа треба да се трудат да го отстранат трњето и да го практикуваат Словото Божјо на соодветен начин, за да успеат во култивирањето на добрата почва во своите срца, погодна за семето на Словото.

Како тогаш можеме да го изораме трновитото поле?

Трњето мора од корен да се извади. Трњето ги симболизира телесните мисли. Неговите корења го симболизираат злото и световните нешта на срцето. Имено, злото и телесните атрибути во срцата се изворите за телесните мисли. Ако гранчињата едноставно се отстранат од трновитите грмушки, тие повторно ќе израснат. Слично на ова што е споменато, дури и да се одлучиме да немаме веќе телесни мисли, тие не можат туку така да бидат запрени, поради злото коешто сеуште пребива во нашите срца. Мораме да го извлечеме телесното од нашите срца од самиот корен.

Меѓу многуте корења коишто се присутни во нашите срца, ако одлучиме да ги извлечеме корењата наречени алчност и ароганција, ќе бидеме во можност во значајна мерка да ги отстраниме телесните мисли од нас. Она што не прави подложни кон поврзувањето со световното и ни создава грижи за световните нешта, е фактот што ја поседуваме алчноста за телесните нешта во нас. Потоа секогаш размислуваме за тоа што би ни било од корист и си ја бараме таа лична корист, иако можеби кажуваме дека живееме според Словото на Бога. Ако во нас ја имаме ароганцијата, исто така нема да можеме да се покориме на Словото до крај. Ја користиме телесната мудрост и нашите телесни мисли, бидејќи си помислуваме дека сме способни да направиме нешто самите. Токму тоа е причината зошто прво мораме да ги извлечеме корењата наречени алчност и ароганција.

Култивирањето на добрата почва

Кога семето ќе се посее на добра почва, тоа изртува и расте за да донесе плодови, 30, 60, или 100 пати повеќе од засаденото. Оние кои што ги немаат таквите почви во срцата, ја немаат самоправедноста и мисловните рамки, како што ги имаат оние што ги имаат срцата слични на крајпатието. Тие немаат никакви камења или трње и затоа му се покоруваат на Божјото Слово со едноставно 'Да' и 'Амин'. На тој начин, таквите личности ќе можат да принесат обилни плодови.

Се разбира, тешко е да се направи јасна дистинкција помеѓу крајпатието, каменитото тло, трновитото тло и добрата почва во човечките срца, ако се обидеме да го направиме тоа со некоја одредена мерка. Крајпатието може да содржи и некое каменито тло исто така. Дури и добрата почва може да внесе некои невистини, коишто ќе бидат како камења и пречки во процесот на растење на семето. Но без разлика на видот на полето, постои можност да направиме добра почва ако вредно работиме на нејзиното орање и чистење. Што значи дека е многу поважно колку вредно работиме на орањето на полињата во срцата, отколку тоа на кој вид на поле припаѓа наштео срце.

Дури и многу тврдата, неплодна земја може да биде искултивирана и претворена во доброто поле, ако фармерот многу вредно работи на неа, орајќи и чистејќи ја постојано. Слично на ова, полињата во срцата кај луѓето можат да бидат изменети преку силата на Бога. Дури и најтврдите срца коишто ја имаат почвата како крајпатието, можат да бидат изорани со помошта на Светиот Дух.

Се разбира, примањето на Светиот Дух не мора да значи дека нашите срца автоматски ќе се изменат. Во тој процес мора да има и наш личен напор исто така. Значи ние мораме ревносно да се молиме, да се обидуваме да размислуваме само во вистината и да ја практикуваме истата. Никако не смееме да се откажеме во нашите настојувања дури и да поминале неколку недели или месеци, туку постојано да одиме напред.

Бог ги зема во обзир нашите напори пред да одлучи да ни ја подари Неговата благодет и сила, како и помошта од Светиот Дух. Ако постојано го имаме на ум она што мораме да го измениме во себеси и всушност успееме да ги измениме овие карактеристики со помош на милоста и силата Божја, како и помошта на Светиот Дух, ние дефинитивно ќе станеме многу поинакви личности после една година залагање. Ќе кажуваме добри зборови следејќи ја вистината, а нашите мисли ќе се изменат во добри мисли проткаени со вистината.

До она ниво до коешто ќе успееме да ги изораме почвите во

нашите срца и да ги претвориме во добра почва, до тоа ниво ќе можеме да принесеме и некои други плодови на Светиот Дух, коишто ќе се изродат во нас. На пример, кроткоста е блиску поврзана со културивирањето на полето во нашите срца. Ако не успееме да ги извлечеме надвор некои невистини како што е на пример, лутината, омразата, зависта, алчноста, караниците, фалбациството и самоправедноста, тогаш нема да бидеме во состојба да ја изродиме ниту кроткоста. Тогаш другите души нема да можат да најдат мир и одмор во нас.

Поради оваа причина кроткоста е подиректно поврзана со светоста од сите други плодови на Светиот Дух. Ако успееме да ја искултивираме духовната кроткост во нас, ќе можеме многу бргу да ги примаме сите нешта коишто ги бараме во нашите молитви, онака како што добрата почва продуцира добри плодови. Тогаш ќе можеме јасно да го чуеме гласот на Светиот Дух, па тогаш тој ќе може јасно да не води кон попросперитетните начини во сите нешта во животот.

Благословите за кротките

Не е лесно да се води компанија во којашто се вработени неколку стотици вработени. Дури и да сте биле избрани како водач преку избори, нема да биде лесно да се води целата таа група. Да бидете во можност да обедините толку голем број на луѓе и да ги водите, ќе морате преку духовната кроткост, да им ги придобиете срцата на луѓето.

Се разбира луѓето можеби ќе ги следат оние кои што ја покажуваат моќта или оние кои што се богати и кои што изгледа дека им помагаат на сиромашните во светот. Една Кореанска поговорка гласи вака, „Кога ќе умре кучето на министерот, има голем број на ожалостени, но кога министерот ќе умре, нема воопшто луѓе коишто го жалат." Како што е кажано во оваа поговорка, можеме да видиме дали некоја личност навистина го има квалитетот на великодушноста, кога ќе ја изгуби силата и богатството. Кога една личност е богата и моќна, луѓето ја следат, но е многу тешко да се најде некоја личност која што луѓето би ја следеле до крај, дури и да ја изгуби моќта и богатството.

Но личноста којашто ја поседува доблеста и великодушноста е следена од страна на голем број на луѓе, дури и да ја изгуби моќата и богатството. Луѓето ја следат таквата личност не заради нејзиното богатство и нивната лична финансиска корист, туку заради тоа што во неа можат да го пронајдат мирот и спокојството.

Па дури и во црквата, некои од црковните водачи кажуваат дека е навистина тешко да се прифатат и опфатат дури и членовите на една ќелиска група. Ако посакуваат да доживеат оживување во своите групи, тогаш најпрво мораат во себе да го искултивираат срцето на кроткоста, коешто ќе биде меко како и памукот. Но тогаш, членовите ќе го пронајдат мирот и спокојството во нив, уживајќи во радоста и среќата, па повторното оживување на ќелијата автоматски ќе следи. Пасторите и свештениците мораат да бидат многу кротки и способни да прифатат голем број на души.

Постојат некои благослови коишто им се доделуваат на кротките. Матеј 5:5 гласи, *„Благословени се кротките,* *бидејќи тие ќе ја наследат земјата.*" Како што е порано споменато, да се наследи земјата не значи дека ќе добиеме земјиште некаде во светот. Тоа значи дека ќе се здобиеме со земјиште на Небесата, коешто ќе биде сé до она ниво до коешто сме успеале да ја искултивираме духовната кроткост во нашите срца. Ќе се здобиеме со многу голема куќа, за да можеме да ги поканиме сите оние души, коишто наоѓале почивка во нас.

Добивањето на толку големото место за живот на Небесата исто така значи дека ќе бидеме доста почитувани. Ако тука на земјата имаме големо парче земја, нема да можеме да си го понесеме заедно со нас на Небесата. Но земјата којашто ќе ја примиме на Небесата, преку култивирањето на кроткото срце, ќе го претставува нашето наследство, коешто никогаш нема да исчезне. Таму ќе можеме да уживаме во вечната радост, во друштвото со Господа и со нашите сакани најблиски.

Затоа се надевам дека вие вредно ќе работите на орањето на почвите во вашите срца, за да создадете плодна почва за принесувањето на убавиот плод на кроткоста, а со тоа да можете и да ја наследите големата земја којашто ќе ви биде дадена како наследство во Кралството Небесно, исто како што тоа го има примено и Мојсеј.

1 Коринтјани 9:25

„Секој кој што се натпреварува во игрите,

ја гради самоконтролата во сите нешта.

Тие го прават тоа заради примањето

на распадливиот венец, а ние пак за нераспадливиот."

Глава 10

Самоконтрола

Самоконтролата е потребна во сите аспекти на животот
Самоконтролата, основа за Божјите чеда
Самоконтролата ги усовршува плодовите на Светиот Дух
Доказите дека е роден плодот на самоконтролата
Ако сакате да го понесете плодот на самоконтролата

Самоконтрола

Една маратонска трка претставува претрчување на оддалеченост од 42.195 km (или 26 милји и 385 јарди). Тркачите мораат да си ја прилагодат брзината на својот чекор на најдобар можен начин, за да можат да стигнат до крајната цел. Значи тоа не е некоја кратка релација којашто бргу се завршува. Затоа тркачите мораат да одржуваат постојан чекор низ текот на целата трка, а кога ќе стигнат пред самата цел, смеат да си дозволат излив на енергија заради добивање на подобра позиција во трката.

Истиот принцип се применува и во нашите животи во верата. Мораме постојано да бидеме верни сѐ до самиот крај на трката во верата и да ја извојуваме победата над самите себеси, заради победата во трката. Понатаму, оние коишто сакаат да се здобијат со круните на славата во Кралството Небесно, мораат постојано да ја практикуваат самоконтролата, во сите нешта во животот.

Самоконтролата е потребна во сите аспекти во животот

Во овој свет можеме да видиме дека оние личности кои што не се во состојба да имаат самоконтрола, си ги прават своите животи многу посложени и си создаваат голем број на потешкотии. На пример, ако родителите му даваат многу љубов на детето, само поради фактот што тоа им е единственото чедо, најверојатно е дека тоа дете ќе биде размазено. Исто така иако знаат дека треба да се грижат за своите фамилии, оние личности кои што се во зависност од коцкањето или од некој друг облик на световно задоволство, си ги уништуваат своите фамилии, поради тоа што не можат да постигнат самоконтрола. Тие постојано си кажуваат, „Ова ќе биде последен пат. Нема веќе да го правам ова," но 'последниот пат' постојано продолжува да се повторува.

Во познатиот кинески историски роман Романсата на Трите Кралства, Жанг Феи, е полн со љубов и храброст, но воедно е и избувлив и агресивен. Лиу Беи и Гуан Ју, кои што се заколнале на сојузништво со него, постојано биле загрижени дека поради својот карактер може во секој момент да направи некоја грешка. Жанг Феи добивал многу совети, но не успеал вистински да си го смени својот карактер. На крајот се соочил со последиците на својот непредвидлив карактер. Тој ги претепал и ги казнил со камшикување подредените кои што не успеале да ги остварат неговите очекувања, но двете личности кои што почувствувале дека се неправедно казнети, извршиле атентат врз него и се предале себеси во непријателскиот камп.

Слично на ова, оние личности кои што не успеваат да си го контролираат својот немирен карактер им ги повредуваат чувствата на многу луѓе, како во своите семејства, така и на работните места. За нив е многу лесно да си создадат непријатели, па сходно на тоа, не можат ниту да водат просперитетни животи. Но оние кои што се мудри, постојано ќе си ја префрлаат вината на себеси и ќе се обидуваат да ги поднесуваат другите луѓе, дури и да е тоа во некои провокативни ситуации. Иако другите прават огромни грешки, таквите личности имаат самоконтрола и успеваат преку убавите зборови да им ги допрат срцата на другите и да ги утешат. Таквите дела се мудри коишто ќе им ги придобијат срцата на голем број на луѓе и ќе направат нивните животи да процветаат.

Самоконтролата, основата за Божјите чеда

Најпрво и најосновно, ние Божјите чеда, мораме да ја искултивираме самоконтролата за да можеме да ги отфрлиме гревовите. Колку помалку имаме самоконтрола, толку потешко ќе ни биде отфрлањето на гревовите. Кога ќе го чуеме Словото Божјо и ќе ја примиме благодетта од Бога, се одлучуваме да се измениме себеси, но и понатаму постои веројатноста да бидеме заведени од страна на грешното одново.

Ова можеме да го видиме обрнувајќи внимание на зборовите коишто излегуваат од нашите усни. Голем број на луѓе се молат за да ги направат своите усни свети и совршени. Но во самите свои животи зборуваат за што се имаат молено, па продолжуваат да се изразуваат како што сакаат, следејќи си ги своите стари навики. Ако се соочат со нешто што им е тешко за разбирање поради фактот што не е во согласност со нивните верувања и гледишта, некои луѓе набргу потоа почнуваат да се жалат и да воздивнуваат.

Поради тоа што емоциите им се вознемирени, тие ќе почнат со жалењето, иако подоцна можеби и ќе се покајат за сето тоа. Некои личности толку многу сакаат да зборуваат, што не можат да се запрат, штом веќе еднаш почнале со прикажувањето. Не можејќи да направат разлика помеѓу зборовите на вистината и невистината, па затоа може многу лесно да направат некои грешки.

Само преку разбирањето на тоа колку ни е битен овој факт за самоконтролата, ќе можеме да се обидеме да ги исконтролираме и нашите зборови.

Самоконтролата ги усовршува плодовите на Светиот Дух

Но плодот на самоконтролата, како еден од плодовите на Светиот Дух, не се однесува едноставно само на нашата самоконтрола којашто се огледа во избегнувањето на гревовите. Самоконтролата како еден од плодовите на Светиот Дух, ги контролира и другите плодови на Светиот Дух, за тие да можат да станат совршени. Поради таа причина, првиот плод на Духот е љубовта, а последниот самоконтролата. Самоконтролата е релативно помалку приметлива од другите плодови, но е многу важна. Таа контролира сѐ за да може да има стабилност, организација и конкретност. Таа се споменува помеѓу другите плодови на Духот, поради тоа што сите други плодови можат преку неа да бидат усовршени.

На пример, иако го поседуваме плодот на радоста, не можеме тој плод секаде и во секое време да го изразуваме. Ако луѓето се во жалост, за време на погребна церемонија, а вие сте со голема насмевка на своето лице, што тогаш луѓето ќе кажат за вас? Сигурно нема да кажат дека сте грациозни поради тоа што го носите плодот на радоста. Иако радоста поради примањето на спасението е навистина голема, сепак мораме да ја контролираме во согласност со ситуациите во коишто се наоѓаме. На овој начин ќе можеме да го претвориме тој плод во еден вистински плод на Светиот Дух.

Многу е важно да ја имаме самоконтролата кога ја искажуваме верноста кон Бога, исто така. Посебно во ситуациите кога имаме голем број на задолженија, секогаш мораме да си го прераспределиме своето време на најдобар можен начин, за да се наоѓаме на вистинските места во вистинско време. Ако некој одреден состанок се одвива на многу добар начин, морате да го завршите во еден најпогоден момент за тоа. Значи за да можеме да бидеме верни во сиот Божји дом, мораме да го поседуваме плодот на самоконтролата.

Истото се случува и со сите други плодови на Светиот Дух, вклучувајќи ја тука љубовта, милоста, добрината, итн. Кога плодовите коишто биле родени во срцето ќе се покажат и во дела, тогаш мораме да го следиме водството и гласот на Светиот Дух, за да успееме да ги претставиме во најпогодниот момент. Мораме значи да ѝ дадеме приоритет на онаа работа којашто треба најпрво да биде сработена, а потоа да ја започнеме онаа којашто би требала да следи. Мораме да одредиме дали треба да тргнеме чекор напред или назад. Токму преку овој плод на самоконтролата, ќе можеме да се здобиеме со моќта на расудувањето.

Ако некоја личност ги има изродено сите плодови на Светиот Дух во целост, тоа значи дека таа во сите нешта ги следи желбите на Светиот Дух. За да можеме да ги следиме желбите на Светиот Дух и да делуваме во совршеноста, мораме да го имаме и плодот на самоконтролата. Затоа кажуваме дека сите плодови на Светиот Дух се комплетираат низ овој плод на самоконтролата, којшто е последниот плод.

Доказите дека е роден плодот на самоконтролата

Кога другите плодови на Светиот Дух коишто се родиле во срцето, ќе почнат надворешно да се покажуваат, тогаш плодот на самоконтролата станува како еден вид арбитражен центар, којшто ја прави хармонијата со другите плодови. Дури и кога ќе земеме нешто добро во Господа, земањето на онолку колку што можете, не секогаш е најдобро нешто. Затоа обично кажуваме дека нешто што е претерано, обично е многу полошо од нешто што е во недостаток. Во духот, исто така, мораме сé да правиме во умереност, следејќи ги желбите на Светиот Дух.

Да објасниме во детали, како може плодот на самоконтролата да биде прикажан.

Како прво, следењето на хиерархискиот ред во сите нешта.

Сваќајќи каде се наоѓа нашата позиција во хиерархискиот ред, можеме да разбереме кога би требало да делуваме или не, и да знаеме кои зборови треба да ги употребиме или не. Тогаш, ние никогаш нема да влеземе во некои расправии, караници или несогласици. Сваќајќи каде се наоѓаме, никогаш не би направиле нешто што е несоодветно за некоја ситуација или некои нешта што ги надминуваат ограничувањата коишто ги носи нашата позиција. На пример, да претпоставиме дека некој водач на мисионерска група го замоли администраторот да заврши некоја одредена работа.

Администраторот пак, понесен од својата страст и чувството дека некои нешта, по негова идеја, би требале да бидат направени на поинаков начин, дискретно ги смени тие нешта и ја заврши работата на тој начин. Тогаш тој, иако ја сработил работата на еден страствен начин со многу емоции, сепак не ја испочитувал наредбата на претпоставениот, менувајќи некои работи поради недостатокот на самокнотрола во себе.

Бог може високо да го цени нашето постапување во согласност со различните позиции во мисионерските групи на црквата, како на пример позицијата на претседател, потпретседател, администратор, секретар или благајник. Нашите водачи можеби имаат различни начини на справување со нештата, од нашите. Тогаш, иако вашите лични начини ви изгледаат подобри и ви се чини дека ќе донесат многу повеќе плод, поради непочитувањето на наредбите и хиерархијата, нема да можеме да понесеме добри полодови, заради прекршувањето на мирот. Сатаната секогаш наоѓа прилика да интервенира кога ќе примети дека мирот е прекршен, па затоа Божјата работа може да биде попречена. Освен во случаите кога некои нешта се целосна невистина, мораме секогаш да размислуваме за доброто на целата група и да се покориме, барајќи го мирот во согласност со совршеното завршување на сите работи.

Како второ, земањето во обзир на содржината, времето и локацијата, дури и кога правиме нешто добро.

На пример, да извикувате додека се молите е нешто добро, но ако тоа викање го правите некаде без нужна дискреција, тогаш тоа може да претставува срам за Бога. Исто така, кога го проповедате евангелието или одите во посета на членовите на црквата за да им го понудите духовното водство, секогаш морате да распознаете кои зборови највеќе би одговарале за тие ситуации. Иако вие можеби сте ги сватиле некои длабоки духовни нешта, не можете туку така да ги ширите на секого, несигурни дали ќе ве разберат. Ако предадете нешто што не соодветствува со мерката на верата на слушателот, тогаш тој говор може да предизвика спрепнување кај него, или да предизвика негативни мисли, како што се судењата и осудите.

Во некои случаи, една личност нема да може да им го предаде сведоштвото или она што духовно го има разбрано, на луѓето коишто се зафатени со некои други работи. Иако содржината можеби е многу добра, нема да може навистина да ги просвети другите, освен ако сето тоа не се случи во најпогодниот момент за тоа. Тоа значи дека луѓето, иако привидно ќе покажуваат интерес заради тоа да не испаднат нељубезни и груби, сепак нема да обрнуваат големо внимание на проповедта, заради тоа што нивните умови ќе бидат преокупирани со нивните проблеми, а во срцата ќе им биде нервозата. Дозволете ми да ви предочам еден друг пример. Кога целата парохија или група на луѓе имаат состанок со мене заради некаква консултација, ако некоја личност непрестано кажува некои сведоштва, каков ќе биде исходот на тој состанок? Таа личност можеби ќе му ја оддава славата на Бога поради тоа што е полна со благодетта и со Духот, но затоа ќе го искористи целото време коешто е потребно за состанокот со целата група. Сето тоа се должи на фактот што таа личност ја нема самоконтролата. Иако можеби правите некогаш нешто што е многу добро, секогаш имајте ги во обзир сите нешта и околности, имајќи ја во себе самоконтролата.

Како трето, трпеливоста и небрзањето, како и постојаната смиреност којашто ќе помогне во расудувањето потребно во било која ситуација.

Оние луѓе кои што ја немаат самоконтролата, обично се нетрпеливи и имаат недостаток од обзир за другите. Како што повеќе брзаат, така сé помалку имаат сила за расудувањето, па лесно може да се случи да не приметат некои многу важни нешта. Тие се склони кон брзоплетото донесување судови и осуди, коешто може да предизвика непријатност меѓу другите луѓе. Оние кои што немаат трпение во ислушувањето на другите, или им упаѓаат во збор со своите одговори, можат да направат голем број на грешки. Никако не смееме нетрпеливо да прекинуваме некого додека зборува. За да не донесеме некои брзоплети заклучоци, секогаш мораме да го ислушаме човекот до крај. Понатаму, на овој начин лесно ќе можеме да ја сватиме интенцијта на личноста која што ни зборува и сходно на тоа, ќе можеме да реагираме.

Пред да го прими Светиот Дух, Петар бил многу нетрпелива и импулсивна личност. Тој очајно се обидувал да се исконтролира себеси пред Исуса, но и покрај тоа, во некои ситуации се изразувал неговиот карактер. Кога Исус му кажал на Петра дека тој ќе се откаже од Него три пати пред Неговото распетие, Петар веднаш го одбил тоа што го чул, кажувајќи дека тој никогаш не би можел да стори такво нешто.

Ако Петар во себе го имал полодот на самоконтролата, тогаш тој не би му противречел на Исуса, туку би се обидел да изнајде некој соодветен одговор. Ако знаел дека Исус е Синот Божји и дека Тој никогаш не би кажал нешто без значење, тој би ги зачувал Исусовите зборови во својот ум. Делувајќи на таков начин, тој би станал многу попретпазлив и внимателен, за таквите нешта никогаш да не би се ни случиле. Најприкладното расудување коешто ни овозможува да реагираме соодветно во секоја ситуација, доаѓа од страна на самоконтролата.

Јудејците имале голема гордост во себе. Тие биле толку многу горделиви, што стриктно го запазувале Законот на Бога. Но кога Исус ги прекорил Фарисеите и Садукеите, кои што биле политички и религиозни водачи во тоа време, тие потоа не можеле да имаат наклонетост кон Него. Она што посебно ги погодило била изјавата на Исуса, кој што им кажал дека е Син Божји и го сметале тоа за чин на богохуление. Тогаш се наближувал празникот на сениците. Некаде околу времето за жетвата, луѓето ги поставиле сениците, за да се присетат на Исходот и да му ја оддадат благодарноста на Бога. Луѓето во тоа време обично оделе во Ерусалим, за да го прослават овој настан.

Но Исус не сакал да оди во Ерусалим, иако се наближувал Празникот, а и Неговите браќа исто така го барале тоа од Него, да оди во Ерусалим, да покаже некои чуда и да се разоткрие Себеси, заради добивањето на поддршката од страна на луѓето (Јован 7:3-5). Тие кажале, *„Затоа што никој не прави ништо тајно, кога и сам сака да се прочуе јавно"* (с. 4). Иако некое нешто изгледа дека е разумно, тоа сепак нема никаква релација со Бога, освен ако не е во согласност со

Неговата волја. Поради своите мисловни рамки, дури и браќата на Исуса си помислиле дека не е праведно Исус тивко и молчеливо да чека на Својот час.

Ако Исус во Себе ја немал самоконтролата, Тој веднаш би отишол во Ерусалим, за да им се разоткрие на луѓето. Но до Него не допреле зборовите на Неговите браќа. Тој единствено смирено го очекувал часот кога ќе биде откриено провидението на Бога. Потоа едноставно тивко отишол до Ерусалим, незабележан од никого, откако сите Негови браќа веќе биле отидени. Тој тогаш делувал според волјата Божја, знаејќи точно кога да оди, и кога да застане.

Ако сакате да го понесете плодот на самоконтролата

Кога им се обраќаме на луѓето, многу често нивните зборови и внатрешното срце не соодветствуваат едни со други. Некои од нив се обидуваат да им ги разоткријат грешките на другите луѓе, само заради прикривањето на своите сопствени мани. Тие понекогаш побаруваат нешта кои како да се наменети за другите луѓе, но всушност се само резултат на нивната лична алчност и глад. Се чини дека прашуваат заради намерата подобро да го разберат Бога, но всушност се обидуваат да го извлечат одговорот којшто би им донел корист. Но при смирениот разговор со нив, може да се види дека срцата конечно им се разоткриваат.

Оние луѓе кои што ја поседуваат самоконтролата, не можат лесно да бидат погодени од зборовите на другите луѓе. Тие можат смирено да ги ислушаат другите и да распознаат што е вистина, помогнати од страна на делата на Светиот Дух. Ако на тој начин преку самоконтролата успеат да ги распознаат нештата и да го дадат правиот одговор, голем број на можните грешки поради лошите одлуки, тогаш ќе биде намален. Заради тоа, авторитетот и тежината кои што ќе ги имаат нивните зборови, ќе направат поголемо влијание врз другите луѓе. Како можеме да го понесеме овој многу важен плод на самоконтролата?

Како прво, мораме да ги имаме непроменливите срца.

Значи дека мораме да ги искултивираме вистинитите срца коишто во себе немаат невистина, ниту лукавство. Дури тогаш ќе ја имаме во себе силата да можеме да го правиме она, што сме одлучиле да го направиме. Се разбира дека не можеме туку така, преку ноќ да го искултивираме ваквиот вид на срце. Мораме постојано да се тренираме себеси, почнувајќи со воздржувањето и запазувањето на нашите срца и во најмалите нешта.

Си бил еднаш еден господар и неговите чираци. Одејќи низ пазарот еден ден, некои од трговците кои што биле таму, поради некакво недоразбирање коешто го имале со него, почнале расправија со него. Учениците биле многу жестоки и влегле во расправија, но нивниот учител и понатаму бил смирен. Кога се вратиле од пазарот, учителот извадил еден куп на писма од плакарот. Во писмата имало многу написи каде што тој неосновано бил критикуван, и затоа им ги покажал на своите ученици.

Тогаш им кажал, „Не можам да избегнам од тоа да бидам погрешно разбран. Но не ми е ниту важно ако луѓето погрешно ме разбираат. Не можам да ја избегнам првата нечистотија којашто ќе допре до мене, но секако можам да ја избегнам глупоста да и по втор пат ја примам таа гнасотија."

На ова место, првата нечистотија е да се стане објект на озборување од страна на другите луѓе.

Ако можеме во себе да го имаме срцето коешто е слично на она кај господарот, тогаш нема да се почувствуваме потресени во било која ситуација. Наместо тоа, ќе можеме да си ги задржиме срцата какви што се, и да си го продолжиме животот во мир. Оние кои што можат да ги воздржат своите срца, можат да се исконтролираат во сѐ. Значи ние можеме да бидеме сакани и да ја уживаме довербата од страна на Бога, до онаа мерка, до којашто сме успеале во отфрлањето на сите форми на злото, како што е омразата, зависта и љубомората.

Нештата на коишто моите родители ме имаа научено во детството, многу ми помогнаа во моите понатамошни години на свештенствување. Додека ме учеа на правилните начини на зборување, одење, манири и начини на однесување, јас научив и како да си го контролирам моето срце и себеси. Откако еднаш ќе се одлучиме за нешто, мораме постојано истото да го следиме, без никакви промени и барање на некоја лична корист. Откако веќе ќе ги имаме акумулирано таквите напори, ние на крајот ќе го поседуваме неизменливото срце и ќе се здобиеме со моќта на самоконтролата.

Како следно, мораме да се извежбаме себеси да ги слушаме желбите на Светиот Дух, не ставајќи ги на прво

место нашите сопствени милења.

До она ниво до коешто сме го научиле Словото Божјо, Светиот Дух ни дозволува да го чуеме Неговиот глас, низ Словото коешто сме го научиле. Дури и да сме погрешно обвинети, Светиот Дух ни кажува да им простуваме на луѓето и да ги сакаме. Потоа можеме да помислиме, 'Оваа личност мора да има некаква причина за тоа што го прави. Ќе се обидам да го решам недоразбирањето коешто го имам со неа, преку разумното расудување, на еден пријателки начин.' Но ако во срцата имаме повеќе невистини, тогаш најпрво ќе го чуеме гласот на Сатаната. 'Ако го оставам намира, тој и понатаму ќе ме понижува. Морам да го научам на памет.' Дури и да го чуеме гласот на Светиот Дух, може да го пропуштиме поради тоа што тој ќе биде многу потивок во споредба со надвладувачките зли мисли.

Ние ќе можеме да го чуеме гласот на Светиот Дух, кога вредно ќе работиме на отфрлањето на невистините коишто се наоѓаат во нашите срца и ќе го запазиме Словото Божјо во него. Значи дека ќе бидеме во можност сѐ повеќе да го слушаме гласот на Светиот Дух, како што сѐ повеќе ќе му се покоруваме на истиот. Она што треба да го направиме е прво да се обидуваме да го чуеме гласот на Светиот Дух, наместо она што мислиме дека е поургентно и добро. Потоа, откако ќе го чуеме Неговиот глас и ќе го примиме Неговиот повик, мораме да му се покориме и да се трудиме да го спроведеме во практика. Вежбајќи се себеси постојано да ги слушаме и да им се покоруваме на желбите на Светиот Дух, ќе станеме способни да го препознаеме дури и најслабото гласче коешто доаѓа од Него. Тогаш ќе станеме способни да ја имаме хармонијата во сите нешта.

Кажано на овој начин, можеби на некого ќе му изгледа дека самоконтролата има најпоследна важност меѓу другите девет плодови на Светиот Дух. Но сепак таа е неопходна во сите области на најразличните плодови. Таа всушност е она што ги контролира сите други осум плодови на Светиот Дух: љубовта, радоста, мирот, трпението, љубезноста, добрината, верноста и кроткоста. Понатаму, сите други осум плодови можат да бидат комплетни само преку плодот на самоконтролата и поради таа причина, последниот плод на самоконтролата е многу важен.

Секој од овие плодови на Светиот Дух е поскапоцен и поубав од сите скапоцени камења коишто можат да се најдат на овој свет. Ако во себе ги носиме плодовите на Светиот Дух, ќе бидеме во можност да го добиеме одговорот на нашите молитви, за сите побарани нешта во нив и ќе просперираме во сите нешта. Исто така ќе можеме и да ја откриваме славата на Бога, преку манифестирањето на силата и авторитетот на Светлината во овој свет. Јас искрено се надевам дека вие повеќе ќе копнеете и ќе успеете да ги понесете плодовите на Светиот Дух, отколку било кои блага коишто постојат на овој свет.

Галатјаните 5:22-23

„А плодот на Духот е љубовта, радоста, мирот, трпението, љубезноста, добрината, верноста, кроткоста, самоконтролата; против таквите нешта не постои закон."

Против Таквите Нешта Не Постои Закон

Глава 11

Против таквите нешта не постои закон

Бидејќи бевте повикани кон слободата

Чекорете во Духот

Првиот од деветте плодови е љубовта

Против таквите нешта не постои закон

Против таквите нешта не постои закон

Апостолот Павле бил Јудеец над Јудејците и патувал кон Дамаск, за да ги уапси Христијаните. На својот пат до таму, тој го сретнал Господа и се покајал. Тој во почетокот не ја сватил вистината на евангелието, според коешто една личност може да биде спасена преку верата во Исуса Христа, но откако го примил дарот на Светиот Дух, почнал да ја води евангелизацијата на Незнабошците, воден преку водството на Светиот Дух.

Деветте плодови на Светиот Дух се запишани во главата 5, од книгата за Галатјаните, која што претставува едно од неговите посланија. Ако ја разбереме тогашната ситуација, лесно можеме да ја сватиме причината зошто Павле го напишал посланието до Галатјаните и можеме да разбереме од колкава важност им било носењето на плодовите на Светиот Дух, на Христијаните.

Бидејќи бевте повикани кон слободата

Првото мисионерско патување Павле го направил во Галатија. Во синагогата тој не го проповедал Мојсеевиот Закон и обрежувањето, туку само евангелието на Исуса Христа. Неговите зборови биле потврдувани и проследувани со знаците од Бога, па затоа голем број луѓе го побарале патот до спасението. Верниците кои што оделе во црквата во Галатија, многу го сакале Павла, па биле спремни дури и своите очи да си ги ископаат за него.

Откако Павле ја завршил својата прва мисионерска работа и се вратил во Антиох, се појавил проблем во црквата. Некои луѓе дошле од Јудеја и почнале да ги поучуваат Галатјаните дека патот до спасението води преку обрежувањето. Павле и Варнава имале големи несогласувања и се расправале со нив.

Браќата одлучиле дека Павле и Варнава и неколкумина други, треба да отидат во Ерусалим, до апостолите и старешините заради ова прашање. Несомнено ја чувствувале потребата да се изведе заклучок за Мојсеевиот Закон, додека им го проповедале евангелието на Незабошците, како во Антиохиската црква, така и во Галатеја.

Дела, глава 15 ни ја опишува ситуацијата пред и по Советот во Ерусалим, и од неа можеме да заклучиме колку навистина била сериозна ситуацијата во тоа време. Апостолите кои што биле ученици на Исуса, старешините и црковните претставници се собрале и воделе вжештени дискусии, за на крајот да одлучат дека Незабошците мораат да се воздржуваат од нештата коишто биле контаминирани од страна на идолите и од блудствувањето, од она што е задавено, како и од крвта.

Тие испратиле луѓе во Антиохија, за да им го достават официјалното писмо во коешто биле запишани заклучоците на Советот, бидејќи Антиохија била централното место за евангелизацијата на Незабошците. Тие им дозволиле некаква слобода на Незабошците во запазувањето на Мојсеевиот Закон, бидејќи би им било навистина тешко да го запазуваат Законот, онака како што тоа го правеле Јудејците. На овој начин, било кој од Незабошците можел да се здобие со спасението, преку верувањето во Исуса Христа.

Дела 15:28-29 кажува, *„Зошто на Светиот Дух и нам ни беше угодно да не ви ставаме никакво бреме, освен она* коешто е неопходно: да се воздржувате од принесувањто жртви на идолите и од крвта, од удавеното и од блудството; ако се воздржувате себеси од таквите нешта, ќе ви биде добро. Останете ми со здравје."

Заклучокот донесен од страна на Советот во Ерусалим им бил однесен на црквите, но оние кои што не ја сватиле вистината на евангелието и на патот на крстот, продолжиле со учењето по црквите, дека верниците мораат да го запазуваат Законот на Мојсеја. Се појавиле и некои лажни пророци кои што влегувале во црвите и ги агитирале верниците, критикувајќи го Павла, кој што не поучувал на Законот.

Кога еден таков инцидент се случил во црквата во Галатија, апостолот Павле ја објаснил вистинската слобода на Христијаните, во едно негово писмо. Кажувајќи дека тој самиот стриктно му се придржувал на Законот на Мојсеја, но сепак станал апостол на Незнабошците, откако го сретнал Господа, тој ги поучил за вистината на евангелието, кажувајќи им, „Само ова сакам да го дознаам од вас: преку делата на Законот ли го добивте Духот, или преку слушањето во верата? Толку ли сте неразумни? Откако веќе започнавте со Духот, со телесното ли ќе се усовршувате? Зарем залудно толку многу нешта претрпевте, да беше барем само залудно? Па тогаш, Оној кој што ве дарува со Духот и делува со чуда меѓу вас, го прави тоа со делата на Законот, или преку слушањето во верата?" (Галатјаните 3:2-5).

Тој тврдел дека евангелието на Исуса Христа, што тој го поучувал е вистинито, поради тоа што претставувало откровение од Бога и причината поради којашто Незнабошците не морале да си ги обрежуваат телата, била во тоа што многу поважна работа била да се обрежат нивние срца. Тој исто така ги поучувал и за желбите на телесното и на Светиот Дух, како и на делата на телесното и на плодовите на Светиот Дух. Сето тоа било направено така, за да ги натера да сватат како треба да ја искористат својата слобода, што ја добиле преку вистината на евангелието.

Чекорете во Духот

Која тогаш, би била причината што Бог ни го дал Законот на Мојсеја? Тоа се должело на фактот што тогаш луѓето биле многу по зли и не можеле да ги согледаат греовите. Бог им дозволил да го добијат разбирањето за греовите и ги оставил да го решат проблемот со греовите, постигнувајќи ја при тоа праведноста на Бога. Но проблемот со греовите не можел во целост да биде решен преку делата од Законот, па поради таа причина, Бог им дозволил на луѓето да ја достигнат праведноста на Бога, низ верата во Исуса Христа. Галатјаните 3:13-14 гласи, *„Христос нé искупи од клетвата на Законот, откако поради нас стана клетва, бидејќи е запишано, 'Проклет да е секој кој што виси на дрво' за да може во Исуса Христа, благословот на Авраама да се распростани кај Незнабошците, за да можеме да го добиеме ветениот Дух преку верата."*

Но тоа не значи дека Законот бил укинат. Во Матеј 5:17, Исус кажал, *„Не помислувајте дека сум дојден да го укинам Законот или Пророците; не дојдов да ги укинам, туку да ги исполнам,"* и кажал во следниот стих 20, *„Зтоа што ви велам* дека ако вашата праведност не ја надмине праведноста на книжниците и Фарисеите, нема да влезете во Кралството Небесно."

Апостолот Павле им се обратил на верниците коишто биле во Галатјанската црква, *„Чеда мои, кои што со мака ве раѓам, сè додека не се оформи Христос во вас"* (Галатјаните 4:19), а како заклучок ги посоветувал, *„Вие браќа, повикани бевте кон слободата; но не ја претворајте слободата во можност за угодување на телесното туку со љубов служете си еден на друг. Бидејќи целиот Закон е содржан во едното слово, во изјавата 'Сакај го ближниот како самиот себе' Но ако меѓусебе се гризете и прождирате, внимавајте да не се проголтате еден со друг"* (Галатјаните 5:13-15).

Што ние, како чеда Божји коишто во себе го имаат примено Светиот Дух, треба да направиме за да си служиме едни на други со љубов, сè додека во нас не се оформи Христос? Треба да чекориме со Светиот Дух, за да не си ги исполнуваме желбите на телесното. Ако во нас ги понесеме деветте плодови на Светиот Дух, ќе можеме преку Неговото водство да ги сакаме своите ближни како самите себеси и да го оформиме Христа во нас.

Исус Христос ја има примено клетвата на Законот и умрел на крстот, иако бил невин, и преку Него, ние можеме да се здобиеме со слободата. За повторно да не му станеме робови на гревот, треба да ги понесеме плодовите на Духот во нас.

Ако повторно ги направиме гревовите и покрај дадената ни слобода, тоа значи дека повторно ќе го распнеме Господа, преку извршувањето на делата на телесното, па затоа нема да можеме да го наследиме Кралството Небесно. Од друга страна пак, ако ги понесеме плодовите на Духот и ако чекориме со Него, Бог тогаш ќе не заштити, не доволувајќи им на непријателот ѓаволот и на Сатаната да не повредат. Понатаму, ќе бидеме во можност да го примиме сето она што ќе го побараме во нашите молитви насочени кон Бога.

> *„Сакани, ако нашите срца нема да нé осудат, тогаш ја имаме довербата пред Бога; па што и да побараме во молитвата од Него, ќе го добиеме, затоа тто ги запазуваме Неговите заповеди и ги правиме нештата коишто се угодни во Неговите очи. Ова е Неговата заповед: верувајте во името на Неговиот Син Исус Христос, и сакајте се помеѓу себе, токму како што ви заповедав"* (1 Јован Богослов 3:21-23).

> *„Знаеме дека родениот од Бога не греши; но Оној кој што беше роден од Бога го зачува, и лукавиот не го допира"* (1 Јован 5:18).

Значи дека можеме да ги понесеме плодовите на Духот и да уживаме во вистинската слобода како Христијани, кога ќе ја имаме верата да чекориме во Духот и верата да делуваме со љубовта.

Првиот од деветте плодови е љубовта

Првиот од деветте плодови на Духот е љубовта. Љубовта којашто се споменува во 1 Коринтјани 13 е љубовта да се искултивира духовната љубов, додека љубовта како еден од плодовите на Светиот Дух се наоѓа на едно повисоко ниво; тоа е една безгранична и неисцрпна љубов, којашто го исполнува Законот. Тоа е љубовта на Бога и на Исуса Христа. Ако ја имаме ваквата љубов, ќе можеме да се жртвуваме себеси во целост, преку помошта на Светиот Дух.

Плодот на радоста ќе можеме да го понесеме до она ниво, до коешто сме успеале да ја искултивираме ваквата љубов, така ќе можеме да бидеме радосни и да ни биде мило во сите ситуации. На овој начин, ние нема да имаме проблеми со никого, па ќе можеме да го понесеме и плодот на мирот, исто така.

Како што го одржуваме мирот со Бога, со нас самите и со сите други, ние природно ќе го понесеме плодот на трпението во нас. Видот на трпението коешто Бог го посакува е такво, да не мораме ништо да поднесуваме, бидејќи во срцата ја имаме целосната добрина и вистина. Ако ја имаме вистинската љубов, ние ќе можеме да ја сватиме и да ја прифатиме било која личност, без да изразиме некои негативни, непријатни чувства. Затоа нема да бидеме приморани да простуваме, ниту да трпиме во нашите срца.

Кога во добрината стануваме трпеливи кон другите, го понесуваме во себе плодот на љубезноста. Ако во добрината сме трпеливи, дури и кон оние луѓе кои што не можеме навистина да ги сватиме, тогаш можеме да им ја покажеме љубезноста. Дури и да направат некои нешта коишто се во целост надвор од дозволеното, ние сепак ќе ги сватиме нивните гледишта и ќе ги прегрнеме.

Оние луѓе кои што во себе го носат плодот на љубезноста, воедно го носат и на добрината. Тие другите ги сметаат за подобри од нив и ги бараат интересите за другите, исто како што ги бараат и своите. Тие не се расправаат со другите луѓе и никогаш не ги подигаат своите гласови. Во себе го имаат срцето на Господа, коешто не ги докршува прекршените трски, ниту го гаси тлеечкиот фитил на светилките. Ако во себе ја имате таквата добрина, тогаш вие нема да инсистирате на вашите сопствени гледишта. Тогаш ќе бидете верни во сиот Божји дом и ќе бидете кротки.

Оние кои што се кротки, никогаш, на никого, не би му станале спрепкувачки камен, и можат да го одржат мирот со секого. Тие поседуваат едно великодушно срце, па затоа не судат, ниту осудуваат, туку ги сваќаат луѓето и ги прифаќаат.

За да можеме да ги понесеме плодовите на љубовта, радоста, мирот, трпението, љубезноста, добрината, верноста и кроткоста, во една совршена хармонија, мора да ја поседуваме и самоконтролата. Изобилието во Бога е добро, но Божјите работи мораат да се исполнуваат следејќи ги наредбите. Потребна ни е самоконтролата за да не претераме во ништо, па дури и да е тоа нешто добро. Ако ја следиме волјата на Светиот Дух на овој начин, тогаш Бог ќе направи сите плодови да почнат да работат заедно за доброто.

Против таквите нешта не постои закон

Помошникот, Светиот Дух, ги води Божјите чеда кон вистината, за да можат да уживаат во вистинската слобода и среќа. Вистинската слобода е спасението од гревовите и од силата на Сатаната, кој што се обидува да не запре во служењето на Бога и во уживањето во среќните животи. Тоа исто така ја означува среќата добиена преку другарувањето со Бога.

Како што е запишано во Римјаните 8:2, „*Бидејќи законот на Духот на животот во Христа Исуса ве ослободи од законот на гревот и смртта,*" тоа е слободата којашто може единствено да се добие преку верувањето во Исуса Христа, во длабочините на нашите срца и преку чекорењето во Светлината. Ваквата слобода не може да се постигне преку човечката сила. Таа никогаш не може да се постигне без милоста од Бога и претставува еден благослов, во којшто ќе можеме да уживаме сé додека ја запазиме својата вера.

Исус исто така кажал во Јован 8:32, „*...и ќе ја познаете вистината, и вистината ќе ве ослободи.*" Слободата е вистината, и е нешто непроменливо. Таа ни постанува живот и не води кон вечниот живот, исто така. Во овој скапувачки и изменувачки свет нема вистина; само непроменливото Слово Божјо е вистината. Да се знае вистината, значи да се научи Словото Божјо, да се запази во умот и да се стави во практика.

Но не секогаш е лесно да се практикува вистината. Во луѓето постојат некои невистини, што ги имаат научено пред да го запознаат Бога, па таквите невистини ги спречуваат во практикувањето на вистината. Законот на телесното којшто посакува да ја следиме невистината и законот на Духот којшто посакува да ја следиме вистината, ќе постават војна помеѓу себе (Галатјаните 5:17). Ова е војната за да се добие слободата на вистината. Ваквата војна ќе продолжи да се одвива, сè додека цврсто не застанеме на карпата на верата, којашто никогаш не може да се протресе.

Штом ќе застанеме на карпата на верата, ќе ни биде многу полесно да извојуваме добри битки. Кога ќе го отфрлиме сето зло и ќе се осветиме себеси, тогаш конечно ќе можеме да ја уживаме слободата на вистината. Тогаш повеќе нема да има потреба да војуваме добри битки, бидејќи постојано ќе делуваме само во вистината. Ако во себе ги понесеме плодовите на Светиот Дух, тогаш никој нема да може да не запре во добивањето на слободата на вистината.

Затоа Галатјаните 5:18 гласи, *„Ако ве води Духот, вие не потпаѓате под Законот"* а следните стихови 22-23 ни кажуваат, *„А плодовите на Духот се љубовта, радоста, мирот, трпението, љубезноста, добрината, кроткоста, самоконтролата; против таквите нешта не постои закон."*

Пораката за деветте плодови на Светиот Дух е нешто како клуч, со којшто се отвора портата на благословите. Но самото поседување на клучот, нема да направи вратата сама да се отвори. Всушност ние мораме да го ставиме тој клуч во бравата и да ја отвориме, истото важи и за Словото на Бога. Без разлика колку и да го слушаме, сепак не е во целост наше. За да ги добиеме благословите коишто се содржани во Словото Божјо, мораме да го спроведеме тоа во практика.

Матеј 7:21 кажува, *„Не секој кој што ми кажува,*

'Господи, Господи,' ќе влезе во Кралството Небесно, туку само оној кој што ја исполнува волјата на Мојот Отец, кој што е на Небесата, ќе може да влезе таму." Јаков 1:25 гласи, „Но оној кој што ќе се задлабочи во совршениот закон на слободата, и остане да пребива во него, бидејќи е незаборавлив слушател, туку ефективен сработувач, ќе биде благословен во сé што прави."

За да можеме да ја примиме Божјата љубов и благослови, многу е важно да сватиме кои се плодовите на Светиот Дух, секогаш да ги имаме на ум и вистински да ги понесеме тие плодови, преку практикувањето на Словото Божјо. Ако успееме да ги понесеме во целост плодовите на Светиот Дух, преку целосното практикување на вистината, ќе можеме да уживаме во слободата во вистината. Тогаш ќе можеме јасно да го чуеме гласот на Светиот Дух и да бидеме водени во сите патишта, за да можеме да напредуваме во сите аспекти. Се молам во името на Господа да уживате во големата чест, како тука на земјата, така и во Новиот Ерусалим, нашата крајна дестинација на верата.

Автор:
д-р Џерок Ли

Д-р Џерок Ли е роден во Муан, Покраина Јеоннам, Република Кореа, во 1943 година. Кога имал дваесет години, Д-р Ли почнал да страда од разни неизлечиви болести и седум години ја исчекувал смртта без надежта за оздравување. Еден ден во пролетта 1974 година сестра му го однела во црквата и кога клекнал долу да се помоли, Живиот Бог веднаш го излекувал од сите негови болести.

Од моментот кога Д-р Ли го запознал Живиот Бог преку тоа прекрасно искуство, тој го засакал Бога со сето негово срце и искреност, и во 1978 година бил повикан да стане слугата Божји. Тој предано се молел за да може јасно да ја разбере волјата Божја, во потполност да ја исполни и да ги почитува сите Слова Божји. Во 1982 година, ја основа Манмин Централната Црква во Сеул, Кореа и безбројните дела Божји, вклучувајќи ги чудотворните излекувања и чудесата почна да се случуваат во неговата црква.

Во 1986, Д-р Ли беше ракоположен за свештеник на Годишното Собрание на Исусовата Сунгкјул Црква во Кореа и четири години подоцна во 1990 година, неговите проповеди започнаа да се емитуваат во Австралија, Русија, Филипините и во многу други земји, преку Радиодифузното друштво на Далечниот Исток, Азиската Станица за Радиоемитување и Христијанскиот Радио Систем во Вашингтон.

Три години подоцна во 1993 година, Манмин Централната Црква беше избрана како една од „50 Надобри Цркви во Светот" од страна на магазинот *Христијански Свет* (САД), а тој се здоби со Почесен Докторат за Богословија од Колецот Христијанска Вера во Флорида, САД и во 1996 го добива Докторатот по Свештеничката Служба од Кингсвеј Теолошката Семинарија, Ајова, САД.

Од 1993 година, Д-р Ли го презеде водството на светската мисија на многу крстоносни походи во странство, вклучувајќи ги тука Танзанија, Аргентина, Л.А., Градот Балтимор, Хаваи, Градот Њујорк во САД, Уганда, Јапонија, Пакистан, Кенија, Филипините,

Хондурас, Индија, Русија, Германија, Перу, Демократска Република Конго и Израел. Неговиот крстоносен поход во Уганда беше емитуван на Си-Ен-Ен а на Израелскиот крстоносен поход одржан во Меѓународниот Конвенциски Центар во Ерусалим, тој го прогласи Исуса Христа за Месија. Во 2002 година беше наречен „свештеникот на светот" од главните Христијански весници во Кореа за неговата работа во различните Големи Обединети Крстоносни походи во странство.

Така во октомври 2018 година, Манмин Централната Црква има конгрегација од повеќе од 120,000 члена. Има 11,000 локални и подрачни цркви во странство на целата земјина топка вклучувајќи 56 домашни црквени филијали во поголемите градови на Кореа, а досега се воспоставени повеќе од 98 Мисии во 23 земји, вклучувајќи ги Соединетите Држави, Русија, Германија, Канада, Јапонија, Кина, Франција, Индија, Кенија, и многу други.

До денот на ова издание, Д-р Ли има напишано 111 книги, вклучувајќи ги и бестселерите *Вкусување на Вечниот Живот пред Смртта, Мојот Живот, Мојата Вера I & II, Пораката на Крстот, Мерката на Верата, Небеса I & II, Пекол,* и *Силата на Бога.* Неговите дела се преведени на повеќе од 76 јазици.

Неговите Христијански колумни се појавија во весниците *Ханкук Илбо, ЈоонгАнг Дејли, Донг-А Илбо, Сеул Шинмун, КјунгХуанг Шинмун, Кореја Економик Дејли, Шиса Њуз* и *Христијан Прес.*

Д-р Ли во моментов е водач на многу мисионерски организации и здруженија: вклучувајќи го и тоа дека е Претседавач, Обединетите Свети Цркви на Исус Христос; Постојан Претседател, Здружение на Мисијата за Христијански препород во светот; Основач & Претседател на Одборот, Глобална Христијанска Мрежа (ГХМ); Основач & Претседател на Одборот, Светска Христијанска Мрежа на Доктори (СХМД); и Основач & Претседател на Одборот, Манмин Интернационалната Семинарија (МИС).

Други моќни книги од истиот автор

Небеса I & II

Детален нацрт на прекрасната животна средина во која живеат жителите на рајот и прекрасни описи на различните нивоа на небесните царства.

Пораката на Крстот

Моќна освестувачка порака за будење на сите луѓе кои што се духовно заспани! Во оваа книга ќе прочитате за причината зошто Исус е единствениот Спасител и за вистинската љубов на Бога.

Пекол

Искрена порака до целото човештво од Бога, Кој што посакува ниту една душа да не падне во длабочините на Пеколот! Ќе откриете никогаш порано –откриено прикажување на суровата реалност на Долниот Ад и Пеколот.

Дух, Душа и Тяло I & II

Преку духовното разбирање за духот, душата и телото, кои што се компонентите на луѓето, читателите ќе можат да погледнат во своето 'себе' и да се здобијат со увид за самиот живот.

Мерката на Верата

Какво живеалиште, круна и награди се подготвени за вас во Рајот? Оваа книга обилува со мудрост и водство за вас да ја измерите вашата вера и да ја култивирате најдобрата и зрела вера.

Разбудениот Израел

Зошто Бог внимана на Израел од почетокот на светот до денешен ден? Каков вид на Негово Провидение е подготвено за Израел во последните денови, кои што го исчекуваат Месијата?

Мојот Живот, Мојата Вера I & II

Најмирисна духовна арома извлечена од животот кој што цветал со една неспоредлива љубов за Бога, во средина на темните бранови, студеното ропство и најдлабокио очај.

Моќта на Бога

Четиво што мора да се прочита и што служи како основен прирачник со кој што некој може да ја стекне вистинска вера и да ја искуси прекрасната сила на Бога.

www.urimbooks.com

www.ingramcontent.com/pod-product-compliance
Lightning Source LLC
LaVergne TN
LVHW041915070526
838199LV00051BA/2620